Walter E. Keller

Deutsche Limesstraße

vom Rhein zum Main

Herausgegeben in
Zusammenarbeit mit dem Verein
Deutsche Limesstraße e.V.

Verlag Walter E. Keller

Titelfoto: Die Saalburg bei Bad Homburg

Walter E. Keller ist Journalist, Sachbuchautor und Verleger in Treuchtlingen. Er hat unter anderem zahlreiche Standardwerke über den Naturpark Altmühltal und das Fränkische Seenland veröffentlicht.
Als Grundlagen für Texte und Abbildungen dienten unter anderem Unterlagen und Angaben des Vereins „Deutsche Limesstraße“ und der angeschlossenen Städte und Gemeinden. Ausgewertet wurden auch die Standardwerke über den Limes sowie Spezialveröffentlichungen der Landesdenkmalämter von Rheinland-Pfalz, Hessen und Bayern.

Die Deutsche Bibliothek – CIP-Einheitsaufnahme

Keller, Walter E.:
Deutsche Limesstrasse : vom Rhein zum Main / Walter E. Keller.
Hrsg. in Zusammenarbeit mit dem Verein Deutsche Limesstrasse e.V. - 1. - 3. Tsd. - Treuchtlingen : Keller, 1999
(Reihe gelbe Taschenbuch-Führer)
ISBN 3-924828-99-7

Lithos: e + r Repro GmbH, Donauwörth
Druck: W. Lühker GmbH, Weißenburg
Printed in Germany • 1.–3. Tausend
ISBN 3-924828-99-7

Gedruckt auf umweltfreundliches Papier mit 50% Altpapieranteil

Inhalt

Deutsche Limesstraße 5
Römische Herrschaft und Limes in Obergermanien 7
Die Limeswege 19
Bodendenkmäler und Museen 20
Limesbeginn und Turmnachbau bei Rheinbrohl (1) 20
Kastelle Heddesdorf und Niederbieber mit Bad (2) sowie Kreismuseum Neuwied 22
Turmnachbau auf dem Wingertsberg bei Neuwied-Oberbieber 26
Kleinkastell bei Anhausen 26
Turmnachbau auf dem Pulverberg (3) und Limes zwischen Bendorf und Höhr-Grenzhausen 28
Nachbau eines Wachtturmes bei Hillscheid (4) 31
Stefansturm bei Arzbach (5) 33
Turmnachbau bei Bad Ems (6) 34
Der Limes zwischen Becheln und Holzhausen a. d. Haide mit Kleinkastell Pfarrhofen 37
Kastell Holzhausen und Limesverlauf (7) 39
Kastell Zugmantel und Turmnachbau bei Orlen 41
Kastell Alteburg beim „Hettricher Marktplatz" 44
Kastell Feldberg (8) 45
Kleinkastell Altes Jagdhaus 48
Saalburg-Kastell und Saalburg-Museum (9) mit Lehrpfad 50
Kastell Kapersburg, Kleinkastell Ockstädter Wald und Turmnachbau beim Kleinkastell Kaisergrube (10) 57
Der Butzbacher Raum in der Römerzeit (11) 63
Limesstrecke beim Kleinkastell Dicker Wald bei Kirchgöns 65

Kleinkastell Holzheimer Unterwald (12) 66
Turmnachbau auf dem Sandberg nahe Kleinkastell Hainhaus bei Grüningen 68
Kastell Arnsburg (13) 69
Bad des Kastells Echzell (14) 70
Kastellbad und Wetteraumuseum Friedberg 71
Limesabschnitt bei Limeshain-Rommelhausen mit Kleinkastell, Turmresten und Wall 74
Bad des Kastells Rückingen (15) 76
Bad des Kastells Hanau-Salisberg und Archäologisches Museum Hanau (16) 77
Kleinkastell Neuwirtshaus mit Limesabschnitt 80
Kastell Großkrotzenburg (17) 81
Römisches Seligenstadt und Landschaftsmuseum (18) 84
Bad des Kastells Stockstadt in Aschaffenburg-Nilkheim (19) 86
Römische Funde im Stiftsmuseum Aschaffenburg (20) und Pompejanum 88
Römermuseum in Obernburg am Main (21) 91
Literaturverzeichnis **94**

Deutsche Limesstraße

Die Deutsche Limesstraße ist eine der jüngsten Touristikstraßen in Deutschland. Sie führt entlang des obergermanischen und des rätischen Limes vom Rhein zwischen Bad Hönningen und Rheinbrohl über den Main bei Miltenberg bis zur Donau in Regensburg.
An dieser rund 700 Kilometer langen Strecke durch Rheinland-Pfalz, Hessen, Baden-Württemberg und Bayern finden sich viele Zeugnisse aus der Römerzeit als Bodendenkmäler und in Museen. 70 Städte und Gemeinde sowie drei Landkreise in den vier Bundesländern haben sich zum Verein „Deutsche Limesstraße" zusammengeschlossen. Ihr gemeinsames Ziel ist es, die einstige Grenzlinie des römischen Reiches einem geschichtsbewußten Tourismus zu eröffnen.
In der Reihe Gelbe Taschenbuch-Führer ist die Beschreibung in zwei Bände gegliedert: „Deutsche Limesstraße vom Rhein zum Main" und „Deutsche Limesstraße vom Main zur Donau". Das vorliegende Taschenbuch leitet durch bekannte Mittelgebirgslandschaften wie den Westerwald und den Hochtaunus mit den Naturparken Rhein-Westerwald, Nassau, Rhein-Taunus, Hochtaunus sowie Bergstraße-Odenwald. Dabei erschließen sich auch Landstriche, reizvolle Dörfer und Städte abseits der großen Straßen. Der Limes verläuft in sehr abgeschiedenen Gegenden durch einen Bereich mit zahlreichen Groß- und Mittelstädten, bekannten Erholungsorten und Heilbädern. Neben den Relikten der römischen Vergangenheit läßt sich an der Deutschen Limesstraße auch viel Sehenswertes aus anderen Kulturepochen entdecken.
Die Deutsche Limesstraße folgt im wesentlichen der jüngsten Ausbauphase der römischen Reichsgrenze aus der zweiten Hälfte des 2. Jahrhunderts, die auch die größte Ausdehnung römischer Herrschaft in Germanien markiert.
Die wissenschaftlich-systematische Erforschung des Limesverlaufs ist der Reichs-Limeskommission zu verdanken, die Ende des 19. Jahrhunderts ihre Arbeit aufnahm. Viele der heute sichtbaren Bodendenkmäler am Limes wurden nach Ausgrabungen durch die Landesdenkmalämter und getragen von archäologi-

schen Museen wie zum Beispiel dem Saalburg-Museum konserviert und restauriert. Allerdings sind die genannten Bodendenkmäler in einem unterschiedlichen Pflege- und Erhaltungszustand. Im Zuge des Ausbaus der Deutschen Limesstraße soll jedoch ein einheitlicher hoher Standard erreicht werden.
Im Limesabschnitt zwischen Rhein und Main setzt die Saalburg (Bad Homburg v. d. H.) einen Schwerpunkt. Sie ist das einzige vollständig rekonstruierte Kastell auf deutschem Boden und zugleich ein vorbildliches Museum für die Kultur und die Militärgeschichte des römischen Reiches nördlich der Alpen.
Im vorliegenden Führer werden die sichtbaren Zeugnisse der römischen Vergangenheit in unmittelbarer Nähe des Limes zwischen Rhein und Main sowie Museen mit Funden aus der Römerzeit beschrieben. Mit Ausnahme der Kastelle im Neuwieder Becken, in Friedberg und in Hanau bleiben römische Relikte innerhalb der Provinz Obergermanien unberücksichtigt. Die Ordnungsziffern in einzelnen Überschriften beziehen sich auf die offizielle Numerierung in den Prospekten und Faltblättern des Vereins Deutsche Limesstraße und finden sich auch auf der Übersichtskarte in der hinteren Umschlagseite. Hinweise auf die Lage und die Erreichbarkeit, gegebenenfalls Adressen, Telefonnummern und Öffnungszeiten sowie schließlich Verweise auf anderes Sehenswertes machen dieses Taschenbuch zu einem hilfreichen Führer „auf den Spuren der Römer".
Zum Auffinden des Limes und der römischen Bodendenkmäler im Gelände sind zusätzlich zur Beschreibung in diesem Führer und zur Übersichtskarte gute Karten unerläßlich. Empfohlen werden z. B. die offiziellen Karten 1:50 000 des Landesvermessungsamtes Rheinland Pfalz „Naturpark Rhein-Westerwald" und „Naturpark Nassau" sowie des Hessischen Landesvermessungsamtes „Naturpark Rhein-Taunus", „Naturpark Hochtaunus Süd", „Hochtaunus Nord", „Naturpark Spessart Nordwest" und „Naturpark Bergstraße-Odenwald Nordost".
Hilfreich (wenn auch teilweise veraltet) für die Erkundung des gesamten Limesverlaufs ist das Buch „Der römische Limes" (Gebr. Mann Verlag) mit einer vollständigen Beschreibung des Limes zwischen Rhein und Donau. 1999 neu erschienen ist der Titel „Die Römer in Hessen" (Theiss-Verlag).

Römische Herrschaft und Limes in Obergermanien

58/51 v. Chr. hatte Caesar Gallien erobert. Während dieses gallischen Krieges überschritten seine Truppen 55 und 53 v. Chr den Rhein. Dabei sollte nicht das rechte Rheinufer besetzt werden, es ging lediglich um einen militärischen Vorstoß ins altbesiedelte Neuwieder Becken. Zu diesem Zweck ließ Caesar in kürzester Zeit zwei Brücken errichten; die Germanen sollten damit auch von der römischen Bautechnik beeindruckt werden.

Kaiser Augustus (30 v.–14 n.Chr.) wollte die römische Herrschaft in Mitteleuropa ausweiten. Im Jahr 15 v. Chr. unternahmen seine beiden Stiefsöhne Drusus und Tiberius einen Feldzug durch die Alpen bis zur Donau, um dort ansässige kriegerische Volksstämme zu unterwerfen. Nachdem das von keltischen Vindelikern, Rätern und Norikern besiedelte Alpenvorland unter römische Herrschaft gelangt war, ließ Augustus die in Gallien stationierten Truppen an den Rhein verlegen. Im Jahr 12 v. Chr. begann Drusus von dort aus Germanien zu erobern. Damit sollte die Gefahr gebannt werden, die für Rom von den Völkern des Nordens nach dem Auftreten der Cimbern und Teutonen in Oberitalien (102/101 v. Chr.) ausging. Starker Widerstand der Germanen, der Aufstand in Pannonien (ab 6 n. Chr.) und der Untergang dreier römischer Legionen im Teutoburger Wald (9 n. Chr.) vereitelten die weitere Eroberung Germaniens.

Kaiser Tiberius (14–37) kam zu dem Schluß, daß die Gebiete jenseits des Rheins dem römischen Reich keinen Vorteil einbrachten. So standen die Truppen am Ende der Germanenkriege im Jahr 16 wieder am linken Rheinufer als der Grenze des römischen Herrschaftsbereiches. Sie waren unterteilt in ein niedergermanisches Heer (Sitz des Kommandanten in Köln, *Colonia Claudia Ara Agrippinensis*) und ein obergermanisches (*Moguntiacum* Mainz,). Von Mainz aus schob sich Mitte des 1. Jahrhunderts ein Vorposten auf das rechte Rheinufer vor.

Ein zweites Mal wurde der Rhein von den Römern im Jahr 49 mit einer Holzbrücke überspannt, und zwar nördlich von Koblenz in Höhe der heutigen Festung Ehrenbreitstein. Damit hat-

ten die Römer die Möglichkeit, den Zugang vom Neuwieder Becken in die germanischen Siedlungsgebiete an der Lahn zu kontrollieren. Zumindest zeitweise bestanden bereits vor 69 im Neuwieder Becken militärische Standorte (Kastell Bendorf).
Im römischen Bürgerkrieg wurde 69 der Befehlshaber des niederrheinischen Heeres, Vitellius, von seinen Soldaten zum Kaiser gewählt. Er zog mit einigen Truppen nach Rom; dies ermunterte rechtsrheinisch ansässige Germanen zum Angriff.
Unter Vespasian (69–79) – der aus dem Bürgerkrieg als Kaiser hervorgegangen war – wurde zunächst das ursprüngliche Kräfteverhältnis wieder hergestellt. Bereits 70 wurde jedoch der rechtsrheinische römische Vorposten bei Mainz ausgebaut; die Römer stießen bis in die Wetterau vor (Kastell Friedberg). Dadurch fühlten sich die Chatten, eines der mächtigsten germanischen Völker, bedroht. Kaiser Domitian (81–96) begann daher „vorbeugend" einen Feldzug gegen sie. Doch die Chatten stellten sich nicht der offenen Schlacht. Sie überfielen die römischen Truppen in den unwegsamen Wäldern aus dem Hinterhalt. Als Gegentaktik schlugen die Römer Schneisen – *limites* – in die Wälder (siehe unten). Das erschwerte den Chatten neuerliche Überfälle, und sie wurden zu Verhandlungen mit den Römern gezwungen. Nach Beendigung des Krieges 84 gründete der Kaiser zwei neue Provinzen, die der bereits bestehenden Heeresaufteilung entsprachen: *Germania inferior* (Niedergermanien) und *Germania superior* (Obergermanien). Die natürliche Grenze der römischen Provinz Niedergermanien bildete nach wie vor der Rhein. Der neue obergermanische Grenzverlauf sollte nun auch militärisch gesichert werden. Dazu errichteten die Römer eine Reihe von Militärstützpunkten, die an taktisch günstigen Orten lagen und von denen aus Truppen zur Abwehr feindlicher Übergriffe eingesetzt werden konnten. Die Römer, die nur wenige eigene Legionen in diesem Gebiet stationiert hatten, bildeten Hilfstruppen (Auxiliareinheiten). Die Angehörigen dieser Einheiten, in der Regel als *numeri* bezeichnet, kamen aus der ursprünglichen Bevölkerung römisch besetzter Gebiete, zum Beispiel auch aus Britannien.
Die Bezeichnung *limes* wird zuerst von Sextus Iulius Frontinus, Verfasser von Werken zur Kriegskunst und Vermessung, im 1. Jahrhundert n. Chr. im Zusammenhang mit dem Chattenkrieg

verwendet und zwar für die Waldschneisen, die gegen die Angriffe der Chatten geschlagen wurden. Tacitus verwendet das Wort in seiner „Germania“ erstmals im Sinn von „Reichsgrenze“, als er im Jahr 98 schrieb: „Bald zog man den Limes und schob Kastelle vor, so daß das Land als Vorsprung des Reiches und Teil der Provinz betrachtet wird“.
Die römische Grenze war also zuerst eine Waldschneise, in der ein Postenweg verlief und wo regelmäßig Soldaten patrouillierten. Überwacht wurde der Weg von Holztürmen aus, die in Sichtweite voneinander standen. Vermutlich Hadrian (117–138) ließ vor dem Postenweg eine Palisade bauen. Das zugespitzte Holz dafür heißt im Lateinischen *palus* und gibt damit sowohl den „Palisaden“ wie auch der späteren Bezeichnungen „Pfahl“ für den Limes den Namen. Am obergermanischen Limes taucht diese Bezeichnung erstmals 791 im Bereich Idstein auf, um 1530 ist die Rede vom „Polgrab“ (Pfahlgraben) in der Wetterau.
Seit Mitte des 2. Jahrhunderts wurden die Holztürme durch Steinbauten ersetzt. In der letzten Ausbaustufe, Anfang des 3. Jahrhunderts oder bereits in den Jahrzehnten davor, verband man die Steintürme mit Wall, Graben und Palisaden. Dieses bewährte Konzept wurde in Obergermanien unter dem Statthalter (*legatus Augusti pro praetore*) in *Moguntiacum* (Mainz) ausgeführt. Der römische Statthalter in *Augusta Vindelicum* (Augsburg) dagegen ließ die Grenze Rätiens mit einer 1,2 Meter breiten und um die drei Meter hohen Mauer befestigen. Während sich darin der obergermanische vom rätischen Limes unterschied, wurden Türme und Kastelle in beiden Provinzen nach weitgehend einheitlichen Bauplänen errichtet. Wesentliche Kennzeichen waren die in der Regel abgerundeten Ecken der Umwehrung, vier Tore und das Zentralgebäude (*principia*). Die Abmessungen richteten sich nach der Größe der untergebrachten Militäreinheit.
Schon Kaiser Traian (98–117) hatte den Limes ausbauen und verstärken lassen, da in den Provinzen zwischen Rhein und Donau wegen der Kriege gegen die Daker nur wenige Militäreinheiten zurückgeblieben waren. Die vom Limes weiter entfernt gelegenen Kastelle wurden teilweise verlassen, in unmittelbarer Nähe des Grenzwalles neue Militärlager errichtet. Mitte des 2. Jahrhunderts gab es mehrmals kriegerische Auseinanderset-

zungen mit den Chatten. In der Folge wurden beispielsweise im Hochtaunus weitere Kastelle angelegt. Nach den Markomannenkriegen, die allerdings nicht Obergermanien betrafen, sondern nur Rätien, Noricum und Pannonien, wurden wieder verstärkt Truppen in diesen römischen Provinzen stationiert. Eine Phase der Konsolidierung folgte unter Kaiser Commodus (180–192) mit vielen Ausbesserungs- und Neubaumaßnahmen der militärischen Anlagen im Grenzbereich. So wurde damals auch das Kastell Niederbieber neu erbaut.

Im 3. Jahrhundert schwächten die ständigen Unruhen im Osten des römischen Reiches und die Machtkämpfe von Feldherren, die sich von ihren Truppen zum Kaiser ausrufen ließen, die Grenzverteidigung immer mehr. Der Erfolg des Feldzuges Caracallas (211–217) gegen die in Rätien und Obergermanien im Sommer 213 eingedrungenen Alamannen brachte für das Land noch einmal eine Phase des Friedens. Im Jahr 233 erfolgte der erste groß angelegte Alamanneneinfall in Rätien. Bereits damit war für eine Reihe von Kastellen, kleinen Ansiedlungen und Gehöften das Ende gekommen.

259 wurde Kaiser Valerian (253–259) von den Persern in Syrien gefangengenommen. Sein Sohn Gallienus (260–268) unternahm zwischen 258 und 260 Feldzüge in den pannonischen Donauraum. Diese Zeit nützten die Franken zum Angriff auf Obergermanien und zum Vorstoß nach Gallien, die Alamannen fielen in Rätien ein und gelangten bis Oberitalien. Dort wurden sie 260/61 bei Mailand von Gallienus vernichtend geschlagen. Die Limesgebiete waren allerdings endgültig verloren, die Ansiedlungen weitgehend verwüstet. Rhein und Donau bildeten nun wieder die Grenzen des römischen Reiches in Germanien.

Um die Mitte des 3. Jahrhunderts war also das gesamte aufwendige Befestigungswerk in den Germanenstürmen untergegangen. Die Palisade zerfiel, Wall und Graben wurden auf weite Strecken verweht oder gewaltsam eingeebnet, und die Ruinen der Steintürme und der Kastelle dienten jahrhundertelang als willkommene Steinbrüche. Beispielsweise wurden noch Ende des 18. Jahrhunderts die Steine des Kastells Zugmantel systematisch zum Straßenbau verwendet. Grundsätzlich waren die Bauten am Limes aus lokal anstehenden Gesteinen errichtet, im Hochtaunus beispielsweise aus Taunusquarzit und Grauwacke.

Der Limes war keine zu verteidigende Grenzbefestigung und auch beileibe nicht „undurchlässig“. Tore im Limes ermöglichten den Verkehr und den Warenaustausch mit den Germanenstämmen der Umgebung. Zweck des Limes war vielmehr die Kontrolle der Grenze und die Abwehr von Überfällen kleinerer räuberischer Horden. Bei größeren Angriffen wurde Alarm durch Feuerzeichen und Hornsignale von Turm zu Turm und weiter ins Hinterland gegeben. Von den dortigen Kastellen rückten dann Einheiten den Angreifern entgegen.

In der Nähe der größeren Militärlager bildeten sich zivile Siedlungen (*vici*), in denen die Familienangehörigen der Soldaten lebten und sich auch Händler, Handwerker und Gastwirte niederließen. Um die Versorgung der Garnisonen und Siedlungen ohne lange Transportwege zu gewährleisten, wurde die Landwirtschaft gefördert. Durch die große Zahl der Gutshöfe (*villae rusticae*) ließ sich der Bedarf der Soldaten sowie der Zivilbevölkerung weitgehend decken. Eine besondere Rolle bei der Erforschung des Limes im 19. Jahrhundert spielten die Militärbäder (*balinea*), die zu jedem Kastell gehörten. Nachdem sich diese Erkenntnis – erst ab 1890 – durchgesetzt hatte, konnte gerade Kastelle älterer Bauphasen in Holz-Erde-Bauweise durch das Auffinden gestempelter römischer Ziegel aus Bädern gezielt gesucht und lokalisiert werden. Beispiele dafür sind Arzbach, Marienfels, Rückingen oder Hanau-Salisberg. Die Badegebäude lagen in der Regel an einem der Wege, die von den Kastellen ausgingen, wobei der Eingangs- und der Umkleidebereich (*apodyterium*) stets der Straße zugewandt waren.

Der obergermanische Limes zog vom Rhein bei Rheinbrohl am Fuß des Westerwaldes bis Seligenstadt am Main. Ab hier bildete der Fluß die „nasse Grenze“, wie sie Tacitus nannte. Von Miltenberg bis nahe Schwäbisch Gmünd setzte sich dann der obergermanische Limes mit Wall und Graben fort; dort begann der rätische Limes, der bis zur Donau bei Kelheim verlief. Die Grenze dieser beiden Provinzen war insgesamt rund 550 Kilometer lang.

Die hier beschriebene Teilstrecke des obergermanischen Limes vom Rhein zum Main beträgt etwa 220 Kilometer und weist die beiden nördlichsten Punkte des gesamten Limes auf: am Beginn bei Rheinbrohl und südlich von Gießen.

Der Wall des obergermanischen Limes mit dem vorgelagerten Graben blieb häufig gut erhalten und ist oft im Gelände eindrücklich sichtbar. Die rätische Mauer dagegen wurde vielfach von späteren Bewohnern der Gegend zu Bauzwecken abgetragen. Im Taunus ist der Limes in einem hervorragenden Erhaltungszustand, in der Wetterau hingegen auf lange Strecken verschwunden. In Rheinland-Pfalz und in Hessen finden sich innerhalb von Ortschaften in der Regel keinerlei Spuren vorangegangener römischer Bauten. Häufig wurden frühe Kirchen auf römischen Gebäuden errichtet. In Rheinland-Pfalz sind am Limes lediglich die Grundmauern eines Kastells und eines Bades konserviert, jedoch die Schutthügel von Wachtposten vielfach gut sichtbar. Mehr Rekonstruktionen gibt es in Hessen. An der gesamten hier beschriebenen Strecke wurden zwischen 1874 und 1995 zehn Wachttürme nachgebaut. Bis auf den neuesten bei Hillscheid im Westerwald entsprechen alle im Aussehen nicht dem jüngsten Stand der Forschung.
Wenn heute Verlauf, Beschaffenheit und Datierung des Limes gesichert sind, ist das vor allem den zentralen Forschungen der Reichs-Limeskommission zu verdanken. Die Ursprünge dieser Vereinigung finden sich in lokalen Geschichtsvereinen, die im ersten Drittel des 19. Jahrhunderts vielerorts gegründet wurden. Die Königreiche Bayern, Preußen und Württemberg sowie die Großherzogtümer Baden und Hessen-Darmstadt gründeten 1890 in Heidelberg die Kommission. Zwei „Dirigenten" – ein Archäologe und ein Militär – sollten die gestellten Aufgaben koordinieren und die Dokumentation fertigen. Zunächst wurde der Limes in einzelne „Strecken" aufgeteilt, diese wurden numeriert und „Streckenkommissaren" unterstellt. Auch die Limestürme, einschließlich einiger Kleinkastelle direkt an der Grenzlinie, erhielten in der Folge ihre durchgängige Bezeichnung: WP steht für Wachtposten, die erste Zahl für den jeweiligen Limesabschnitt, die zweite ist die fortlaufende Nummer. Gebäude an parallel verlaufenden älteren Limesstrecken tragen eine Nummer mit Stern (Beispiel: WP 3/45*).
Der Reichstag bestätigte 1892 die Gründung und übernahm die Finanzierung. Auf der konstituierenden Sitzung im gleichen Jahr erlangte der Althistoriker und Literatur-Nobelpreisträger Theodor Mommsen (1817–1903) den Vorsitz. Von den ehrenamtlich

Obergermanischer Limes mit Palisade, Wall, Graben und Steinturm (oben), rätischer Limes in der letzten Ausbauphase mit Mauer und Steinturm

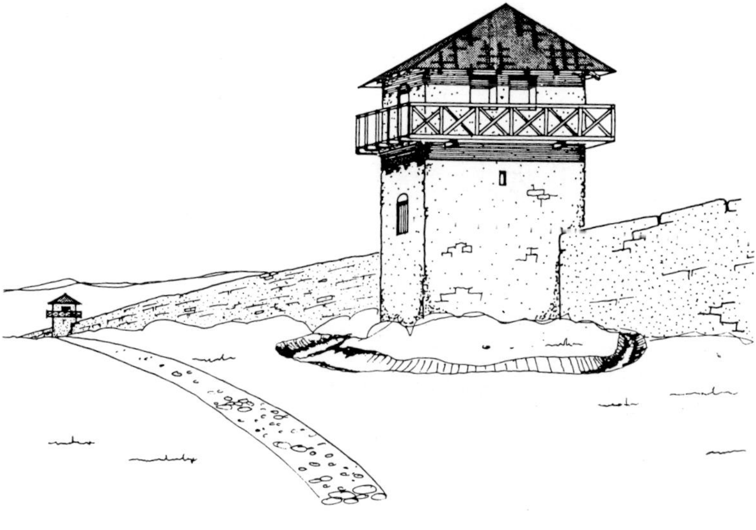

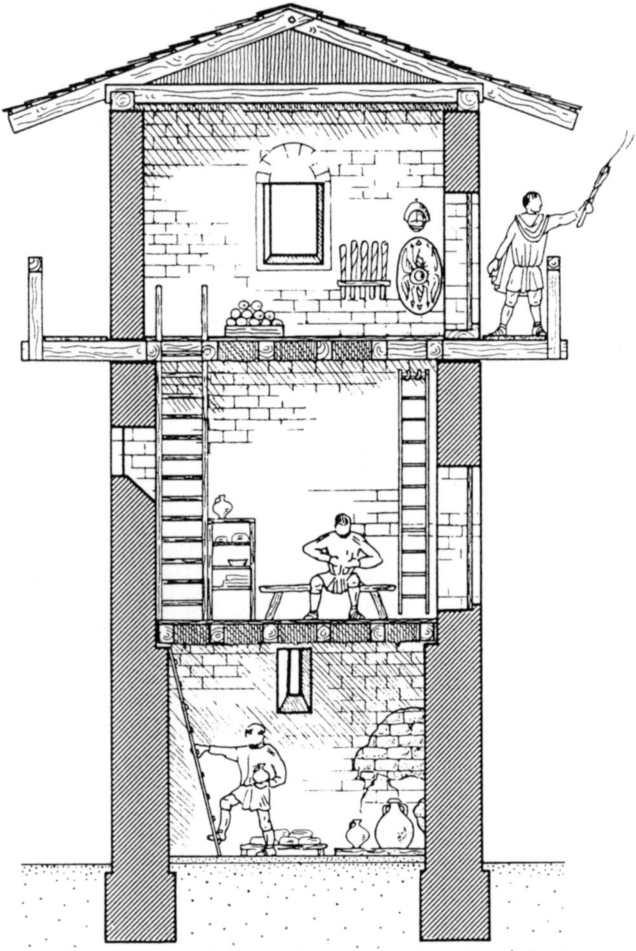

Schnitt durch einen Wachtturm aus Stein

tätigen 15 Streckenkommissaren stellte Preußen sechs, Bayern und Baden je drei, Hessen zwei und Württemberg einen. Die Forschungsergebnisse unter dem Titel „Der Obergermanisch-Raetische Limes des Roemerreiches“ erschienen in 56 „Lieferungen“ zwischen 1894 und 1937. Von den 14 Bänden behandelten je sieben die Kastelle und die Strecken. Der letzte Band, der als Register geplant war, konnte 1938 wegen des Ausbruchs des Zweiten Weltkriegs nicht mehr erscheinen. Im Oktober 1939 wurde die Reichs-Limeskommission formell aufgelöst. Der Limes wurde in jüngster Zeit als größtes Bodendenkmal in Mitteleuropa für die Liste des Weltkulturerbes der UNESCO vorgeschlagen. Dort ist der 120 Kilometer lange Hadrianswall – eine römische Grenze in der Provinz Britannia – bereits seit 1987 aufgenommen.

Der obergermanische Limes ist noch heute auf weiten Strecken als Wall und Graben deutlich erkennbar

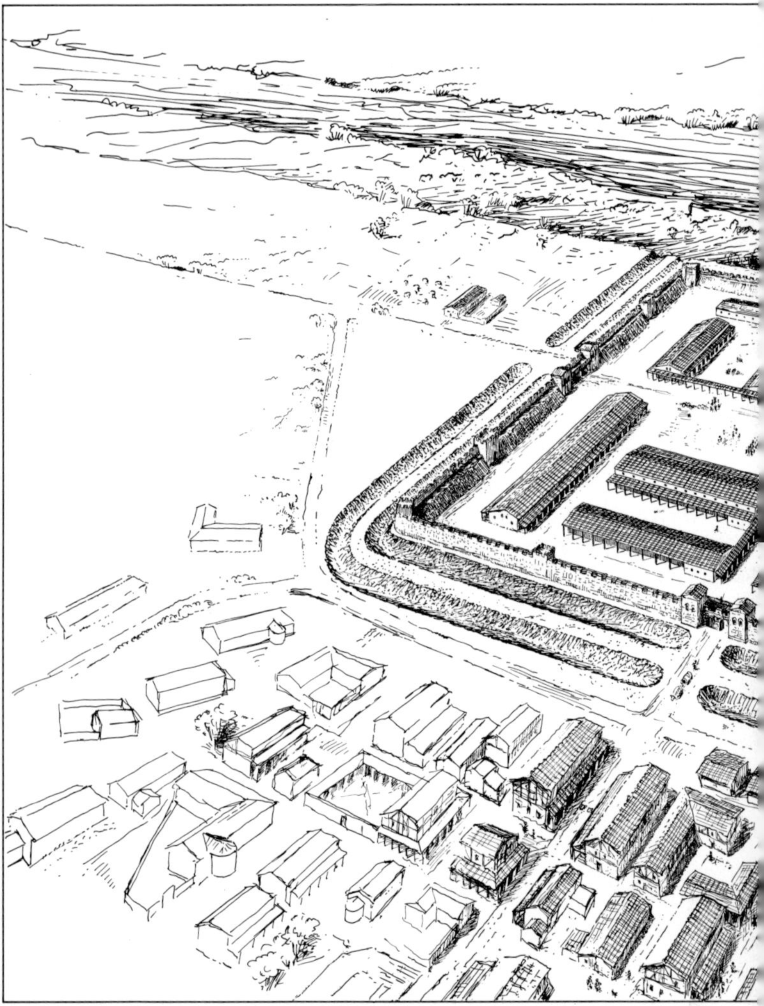

Beispiel für ein Kastell mit angrenzender Zivilsiedlung

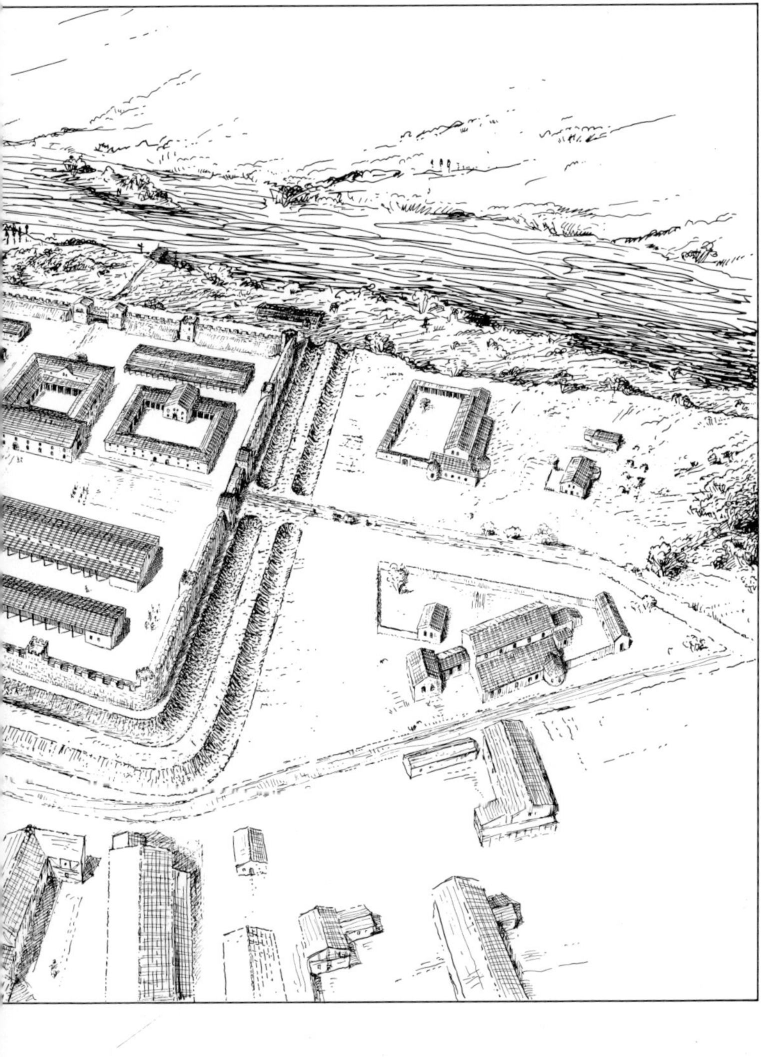

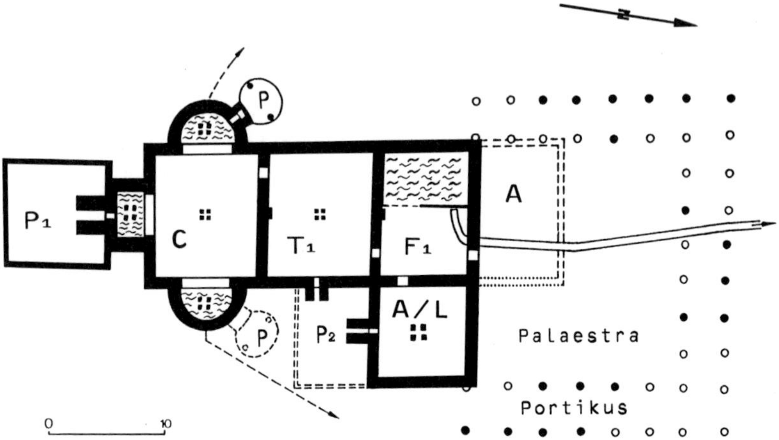

Eine typische Thermenanlage:
A = Apodyterium (Umkleideraum), B = Basilika (Gymnastikhalle), C = Caldarium (Warmbad), F = Frigidarium (Kaltbad), L = Laconium (Sauna), P = Präfurnium (Heizraum)

Schematische Rekonstruktion des Heizsystems einer Badanlage

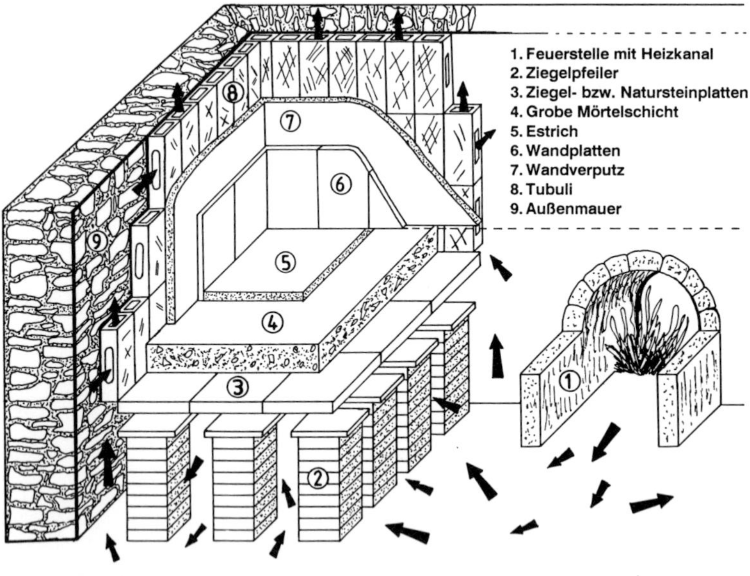

Die Limeswege

Der Limes zwischen Rhein und Donau läßt sich außer auf örtlichen Lehrpfaden und Rundwegen auch auf dem Limeswanderweg begehen. Zwischen Rheinbrohl und Seligenstadt ist er durchgängig mit einem stilisierten römischen Wachtturm bezeichnet. Im Bereich des Naturparks Rhein-Westerwald (Westerwaldverein) ist dies eine weiße Markierung auf schwarzem Grund, ab Bad Ems (Taunusklub) ein schwarzer Turm auf weißem Grund. Der „Westliche Limeswanderweg" – Markierung weiß auf schwarz – beginnt dann in Obernburg am Main (Odenwaldklub) und führt entlang der alten Odenwaldlinie bis ins Neckartal bei Neckarzimmern (Burg Hornberg), während der Östliche Limeswanderweg erst im Bereich des zweiten Abschnitts der Limesstraße, in Miltenberg, einsetzt.
Unwegsame Limesabschnitte umgehen die in den Karten festgelegten Limeswege. Dennoch sind sie zum Teil schwierig zu laufen, erfordern festes Schuhwerk und gute Kondition. Auch muß man damit rechnen, daß die Markierung nicht überall vorhanden ist. Einzelne Teilstrecken der Limeswanderwege lassen sich mit örtlichen Wanderwegen zu reizvollen Rundstrecken verbinden. Darauf wird in der folgenden Beschreibung gelegentlich hingewiesen. Generell ist für Fernwanderungen auf den Spuren der Römer gutes Kartenmaterial unerläßlich (siehe Hinweise auf Seite 6).

Bodendenkmäler und Museen

LIMESBEGINN UND TURMNACHBAU BEI RHEINBROHL (1)

Zwischen Rheinbrohl und Bad Hönningen von der B 42 bzw. der Kreisstraße 15 dem Wegweiser „Autofähre" folgen. Nach der Bahnunterführung unmittelbar rechts an der Straße steht der Turmnachbau.

Der Beginn des rechtsrheinischen Limesverlaufs liegt ziemlich genau gegenüber einem am linken Rheinufer mündenden Bach. Er bildete einst die Grenze zwischen den römischen Provinzen Ober- und Niedergermanien. Sein Name Vinxtbach wird auf das lateinische Wort *finis* für Grenze zurückgeführt. Der Beginn des obergermanischen Limes am Fluß war gesichert durch einen Wachtturm und ein Kleinkastell. Die Spuren dieser Gebäude wurden durch den Kiesabbau in diesem Bereich vernichtet. Der Wachtposten (**WP 1/1**) stand näher am Rhein als der 1972 errichtete Nachbau. Die Südostecke des originalen Fundaments markiert der Abguß eines Grabsteins. Der dargestellte Feldzeichenträger Pintaius soll das Aussehen eines römischen Legionärs vermitteln.
Das **Kleinkastell** mit einer Grundfläche von knapp 700 Quadratmetern lag auf dem Gelände der heutigen Kläranlage. Vor dem Turm informiert eine Schautafel des Naturparks Rhein-Westerwald über das Kastell Rheinbrohl. Durch die Reichs-Limeskommission war es 1899 archäologisch untersucht worden; es hatte wie die meisten Bauwerke am Limes mehrere Ausbauphasen erfahren.
Zu Fuß gelangt man auf dem Limeswanderweg zu dieser Stelle. Er beginnt bereits am Bahnhof von Rheinbrohl und verläuft dann parallel zum Rhein. Im Bereich des Westerwald-Vereins ist er mit einem weißen Wachtturm auf schwarzem Grund markiert. Innerhalb des Gemeindegebiets von Rheinbrohl sind auch eigene Limes-Rundwege gekennzeichnet.
Der Ortskern von Rheinbrohl ist geprägt von alten Höfen, die im Mittelalter Klöstern oder Adeligen gehört hatten. Ein bemerkenswertes Ensemble bilden der Gertrudenhof – das heutige Rathaus – und die benachbarte romanische Kapelle. Eine befe-

Nachbau des Wachtturmes am Limesbeginn bei Rheinbrohl

stigte spätrömische Hafenanlage ist vom Güterbahnhof überbaut. Dieser „Burgus“ in U-Form war zum Rhein hin offen.

Sehenswert in Bad Hönningen: *Schloß Arenfels* (Burg von 1258/59, im 17. Jh. zum Renaissanceschloß umgestaltet, 1848 in neugotischem Stil renoviert), derzeit nur gastronomischer Bereich zugänglich (Burgrittersaal, Innenhof)

KASTELLE HEDDESDORF UND NIEDERBIEBER MIT BAD SOWIE KREISMUSEUM NEUWIED (2)

Das Römerbad in Niederbieber ist sowohl von Norden wie auch von Süden (Stadtmitte) her auf der „Raiffeisenstraße“ (L 255 östlich der Wied) zu erreichen; dort liegt es östlich dieser Straße.
Das Museum liegt in Bahnhofsnähe, zu Fuß über die Friedrich-Ebert-Straße bis zur nächsten großen Kreuzung; innerhalb von Neuwied mit Wegweiser „Museum“ ausgeschildert. Raiffeisenplatz 1, T 02631-803379, geöffnet dienstags bis freitags 10–13 und 14–17 Uhr, sonntags 14–16.30 Uhr, Führungen n. Vereinb.; während Sonderausstellungen bleibt die archäologische Abteilung mit den römischen Funden geschlossen

Der eindrucksvolle Bau des **Kreismuseums** Neuwied von 1928 beherbergt neben Stadtgeschichtlichem, einer volkskundlichen Sammlung, Eisenkunstgüssen sowie Erzeugnissen der Kunstschreinerfamilie Roentgen vor- und frühgeschichtliche Funde aus dem Neuwieder Becken seit der Altsteinzeit.
Die Relikte aus der Römerzeit stammen überwiegend aus den Kastellen Heddesdorf und Niederbieber. Neben schönen Gefäßen aus *Terra sigillata* sowie Werkzeugen und Geräten aus Eisen und Bronze sind besonders attraktive Ausstellungsstücke die Skulptur eines Frauenkopfes aus Sandstein (Heddesdorf) sowie der Bronzekopf einer Kaiserstatue, die Nachbildungen einer Drachenkopf-Standarte aus Blech und der Zierscheibe einer Truppenstandarte aus vergoldetem Silberblech (alles aus Niederbieber). Der letztgenannte Fund verweist auf den dramatischen Untergang des Kastells Niederbieber: Die dort stationierte Reitereinheit verlor das Feldzeichen im Kampf gegen die einfallenden Franken im Jahr 260.
Damals wurden auch Münzschätze vergraben; drei wurden zu Beginn des 20. Jahrhunderts entdeckt. 1989 fand man im Bauaushub aus dem Bereich des Stabsgebäudes ein randvoll mit Silbermünzen gefülltes Bronzegefäß. Vermutlich handelte es sich dabei um die Truppenkasse des Kastells; sie enthielt 1942 Denare von je etwa 3,4 Gramm sowie einen Denar von über 5 Gramm. Die Münzen stammen aus verschiedenen Epochen, die älteste wurde unter Antoninus Pius (ca. 140), die jüngste unter Maximinus Thrax im Frühjahr 236 geprägt. Der Verwahrfund ist

mit einem Germaneneinfall im Frühsommer des Jahres 236 in Verbindung zu bringen. Auf ihn reagierte Maximinus Thrax mit einer Strafexpedition, die ihm den Titel „Germanicus" einbrachte, der bereits auf den Münzen des Spätjahres 236 erschien.
Von beiden Kastellen in den heutigen Neuwieder Stadtteilen haben sich nur wenige sichtbare Überreste erhalten. In Heddesdorf markiert die Kastellstraße die einstige v*ia principalis*, in Niederbieber kreuzen sich die Römerstraße und die Straße Im Römerkastell über den früheren Lagerstraßen. Dieses steinerne Auxiliarkastell „*Victoria*" zählte mit 5 200 Quadratmetern Grundfläche zu den größten am obergermanischen Limes, war um 190 errichtet worden und wurde beim Einfall der Franken um 260 zerstört. Aufgehendes Mauerwerk bestand noch im 19. Jahrhundert; Untersuchungen fanden ab 1791 immer wieder statt. Als Besatzung sind zwei Einheiten überliefert, der *Nume-*

Rekonstruierte Fundamente des Kastellbads von Niederbieber

Drachenkopf-Standarte (Kastell Niederbieber) und Terra-sigillata-Gefäß (Kastell Heddesdorf), beides Kreismuseum Neuwied

rus exploratorum Germanicianorum Divitiensium und der *Numerus Brittonum*. Nahe des *praetoriums* stand vermutlich die lebensgroße Bronzefigur des Kaisers Gordian III. (239–244), deren Kopf im Kreismuseum ausgestellt ist.
Umgeben war das Kastell von einer Zivilsiedlung. Die Grundmauern des ausgedehnten Bades – das sich innerhalb der Kastellmauern befand – wurden ausgegraben und konserviert. Die parkähnliche Anlage ist über die Melsbacher Straße und die Straße Auf der Alten Burg zu erreichen. Eine Straße weiter nördlich verläuft auch der Limeswanderweg auf der Straße Am Limes.
Ein spätrömischer „Burgus" – vermutlich eine befestigte Schiffslände – bestand bis etwa zum Jahr 400 am Rheinufer in Engers 200 Meter flußaufwärts der Alleestraße bzw. der Alten Schloßstraße. Die restaurierten Grundmauern der Anlage, im Volksmund „Heidenmäuerchen" genannt, sind von einem Privathaus überbaut.
Sehenswert: *Schloß Monrepos,* Niederbieber-Segendorf (1757/62), im „Waldheim Monrepos" (1906) das *„Museum für die Archäologie des Eiszeitalters"* des Forschungsbereichs Altsteinzeit des Römisch-Germanischen Zentralmuseums Mainz, Funde aus dem Neuwieder Becken, die menschliche Geschichte vom Homo erectus bis zur Zeit um 5000 v. Chr., geöffnet 1. April bis 31. Oktober 9–17 Uhr täglich außer montags, 1. November bis 31. März mittwochs, samstags, sonntags 10–17 Uhr, T 02631-72043, 72044;
Abtei Rommersdorf, Heimbach-Weis, gegründet im 12. Jh., 1698 bis 1792 Erneuerung der Klostergebäude, Welt-Kulturdenkmal, geöffnet Ostern bis Allerheiligen sonn- und feiertags 11–12 und 14–18 Uhr, sonst n. Vereinb., T 02622-98800;
Schloß Engers, Alte Schloßstraße, T 02622-92640, Lust- und Jagdschloß (1759/62) Kurfürst Johann Philipps von Walderdorff, Erzbischof von Trier, anstelle einer Burg von 1371, beherbergt die Landesstiftung „Villa Musica", Akademie für junge Musiker im Fach Kammermusik, geöffnet täglich außer freitags 11–17 Uhr, auch kunsthistorische Führungen (T 0180-5221360);
Schloß Neuwied, Schloßstraße, erbaut 1707/12 im Klassizismus mit festlichen Innendekorationen anstelle der 1694 abgebrannten Burg von 1646/48 (nicht öffentlich zugänglich)

TURMNACHBAU AUF DEM WINGERTSBERG BEI NEUWIED-OBERBIEBER

In Oberbieber auf der Bundesstraße 256 in Richtung Rengsdorf fahren, dann dem Wegweiser zum Schulungszentrum Wingertsberg nach rechts folgen. Am Ende der Straße befindet sich der P des Waldlehrpfads.

Der Limes verläuft in einem weiten Bogen am erhöhten Rand des Neuwieder Beckens; zwischen Segendorf und Niederbieber überquerte er den Fluß Wied (gesichert durch das Kastell Niederbieber). Auf der Kuppe des Wingertsberges, der nach Osten steil ins Tal des Aubaches abfällt, stand der Wachtturm **WP 1/37.** Seine verfallenen Fundamente sind noch als Schutthaufen sichtbar.
Vom Parkplatz steigen linkerhand Stufen aufwärts Richtung Wasserbehälter, der den höchsten Punkt einnimmt. Rechts davor wurde als historisches Denkmal der römischen Grenze im 1. bis 3. Jahrhundert n. Chr. 1969/71 ein nachempfundener **Limesturm** errichtet. Eine Schautafel informiert über den Limesverlauf in diesem Abschnitt. Etwa 35 Meter nördlich liegt dann die eigentliche Wachtturmstelle. Man kann mit dem Lehrpfad wieder zum Parkplatz zurückkehren.

KLEINKASTELL BEI ANHAUSEN

Von der Straße L 258 Niederbieber–Anhausen nach rechts zum P Heidegraben abbiegen. Die Forststraße führt nach ca. 250 Meter zum Limes.

Bei der Haarnadelkurve hat die Straße weiter westlich bereits zweimal den hier relativ gut erhaltenen Limes gekreuzt. Von **WP 1/39** und von **1/40** – einer der seltenen Türme mit sechseckigem Grundriß – blieben jedoch nur Schutthügel. In diese Richtung kann man vom P Heidegraben aus dem Limeswanderweg folgen. Auch nach Südosten bietet sich ein Spaziergang entlang des Limes mit drei weiteren Wachtposten (**1/42, 1/43** und **1/44**) an; die parallel verlaufende Forststraße leitet zum Parkplatz zurück.

Turmnachbau auf dem Wingertsberg bei Oberbieber >

Der Waldlehrpfad Heimbach, der hier seinen Ausgangspunkt hat, führt nach wenigen Metern nach links zu einer Schautafel über den „Römischen Limes im Heimbach-Weis-Gladbacher Wald".
Die Reste des **Kleinkastells** erreicht man auf einem kleinen Rundweg (Wegweiser Römerkastell) oder wenn man sich jenseits des Limes am Baum mit den Wegweisern halbrechts hält. Nach etwa 100 Metern trifft man auf die Schautafel über das Kastell. Wie zunächst nur **WP 1/41** lag es hier an der höchsten Stelle über dem Neuwieder Becken und nahm gleichzeitig den nördlichsten Punkt in diesem Abschnitt ein. Das Kleinkastell ließ zwei Bauphasen erkennen: Die ältere Anlage umfaßte 1700 Quadratmeter, die folgende nur noch 700; sie lag in der Südwestecke des Vorgängerbaus.

TURMNACHBAU AUF DEM PULVERBERG (3) UND LIMES ZWISCHEN BENDORF UND HÖHR-GRENZHAUSEN

P an der Straße L 307 Bendorf–Höhr-Grenzhausen, zu Fuß nach Westen oder von Bendorf-Sayn zur Gaststätte Meisenhof (Gäste dürfen die Straße befahren) und zum Römerturm laufen

Vom P Uhlenhorst aus bieten sich Rundwege auf den Spuren der Römer an. Der Limes- und Waldlehrpfad Bendorf führt entlang der sehr gut erhaltenen Limesstrecke mit den als Schutthügel sichtbaren **WP 1/59** (Drei Eichen) und **1/58** nach Westen. Hier kann man nach rechts jenseits des Limes zum Ausgangspunkt zurückkehren und war dann etwa drei Kilometer unterwegs. Die Forststraße mit den markierten Wegen geht südlich des Limes weiter bis zu einer Abzweigung kurz vor der Gaststätte Meisenhof. Hier biegt die zweite Schleife des Rundwegs nach rechts ab und erreicht bald nahe des einstigen Standortes von **WP 1/54** auf dem Pulverberg einen bereits 1912 errichteten Wachtturm-Nachbau. Das Umfeld dieses Turmes wurde jüngst erneut untersucht und neu gestaltet.
Der Rundweg wendet sich nun nach Osten und tangiert am „Schildchen" **WP 1/55**; seine Fundamentreste bilden den höchsten Schutthügel am Limes zwischen Rhein und Lahn. Am Ostende der Lichtung stößt man wieder auf die Forststraße des

Turmnachbau auf dem Pulverberg >

Hinwegs. Die gesamte Weglänge mit beiden Schleifen beträgt rund sieben Kilometer. Will man nur den Turmnachbau besuchen, kann man auch bis zur Gaststätte fahren und braucht nur noch etwa 500 Meter zu Fuß zu gehen.
Östlich des P Uhlenhorst setzt sich der Limeswall im Wald jenseits der Straße auf dem höchsten Punkt des Geländes fort. Reste eines Holz- und eines Steinturmfundamentes (**WP 1/60**) sowie eines steinernen Gebäudes sind in dem von starken Grabungsspuren durchzogenen Waldboden kaum auszumachen.
In Bendorf sind Spuren mehrerer Holzkastelle, eines steinernen Kastellbades sowie umfangreiche Teile des Lagerdorfes bekannt, aber nicht mehr sichtbar.
Sehenswert in Bendorf-Sayn: *Burg Sayn* (13. Jh.), Stammburg der Fürsten zu Sayn-Wittgenstein; innerer Burghof, *Bergfried mit Turmuhrenmuseum*, geöffnet April bis Oktober mittwochs bis sonntags 14–17 Uhr, T 02601-2928 (Pauli);
Schloß Sayn, Wiederaufbau nach dem Zweiten Weltkrieg; ab Frühjahr 2000 Bendorfer Stadtmuseum (bis dahin: Kirchplatz, T 02622-7030); Museum für Sayn'schen Kunstguß; Schloßkapelle, geöffnet Frühlingsanfang bis November täglich 9–18 Uhr;
Fürstlicher Schloßpark mit „Garten der lebenden Schmetterlinge“, T 02622-15478;
Gießhalle der Sayner Hütte (1830), Fertigungshalle, Ausstellungsraum, T 02622-1220 (Fa. Strüder);
Abtei (etwa 1200) mit farbigen Außenfresken, romanischem Kreuzgang mit Brunnenhaus; tagsüber zugänglich (Pfarrei Sayn, T 02622-2746);
Hein's Mühle, Mühlenmuseum in mittelalterlicher Kornmühle am Brexbach, geöffnet sonn- und feiertags 14–17 Uhr u. n. Vereinb., T 02622-703173.
Sehenswert in Höhr-Grenzhausen: *Keramikmuseum Westerwald*, Sammlung historischer und zeitgenössischer Keramik, Museumstöpferei, Lindenstraße, T 02624-3666, geöffnet täglich außer montags 10–17 Uhr, Führungen n. Vereinb.; vier *Rundwege „Keramik auf der Spur“* mit vielen Keramikwerkstätten;
Museum für Stadtgeschichte Höhr-Grenzhausen, Brunnenstraße (Manufaktur Merkelbach), geöffnet 2. und 4. Sonntag im Monat 14–17 Uhr u. n. Vereinb., T 02624-2218, -4911, -7782

NACHBAU EINES WACHTTURMES BEI HILLSCHEID (4)

Am nördlichen Ortsrand von Hillscheid an der Straße von Höhr-Grenzhausen

1994, anläßlich der 1000-Jahr-Feier von Hillscheid, wurde dieser außergewöhnliche Wachtturm-Nachbau von knapp 16 Metern Höhe beim einstigen **WP 1/68** errichtet. Er ist auf einem Weg parallel zur Straße L 310, der zunächst zu einem Fabrikgelände führt, bequem zu erreichen.
Der Limes kommt hier fast schnurgerade aus nordwestlicher Richtung vom oben erwähnten P Uhlenhorst, tangiert den Ortsrand von Höhr und quert zwei Bachläufe, bevor er – am Osthang einer 285 Meter hohen Erhebung verlaufend – auf die heutige Kannenbäckerstraße stößt.
Die Form dieses Turmnachbaus dürfte authentisch sein: ein hoher Steinturm, weiß verputzt und farbig verfugt, den angedeuteten Eingang auf halber Höhe. Für heutige Besucher gibt es allerdings eine Tür zu ebener Erde. Auf ein quadratisches Fundament von knapp fünf Metern Seitenlänge sind drei Stockwerke aufgesetzt. Der Vorratsraum befand sich zu ebener Erde, der Wohnraum der Wachmannschaft von vier bis fünf Mann im ersten Geschoß mit dem Einstieg, der nur mit Hilfe einer Leiter erreichbar war, und der Wachraum auf der dritten Ebene. Von hier aus konnte der Umgang in knapp zehn Meter Höhe betreten werden.
Der Turm ist geöffnet von April bis September sonntags 15–17 Uhr oder n. Vereinb., T 02624-5159 oder 7920. Wer die drei Stockwerke hinaufsteigt, wird von Schautafeln unter anderem über Rheinbrücken, Soldaten, Kastelle, Grenzverkehr, Handel/Rechnen/Schreiben im römischen Reich, die Limesanlage mit Wall und Graben sowie die Einfälle der Franken und Alamannen informiert. Im oberen Stockwerk geben zwei Tafeln Auskunft über die nähere Umgebung. Nachbildungen römischer Gefäße sind ausgestellt wie auch Terra-sigillata-Funde aus dem Kleinkastell. Vom originalen Wachtturm an dieser Stelle gibt es keine Spuren mehr.
Wenig Sichtbares finden die Wanderer auf dem Limeswanderweg, wenn sie von hier aus ein Stück bis zum Ortsrand von Hillscheid und dann parallel des Limes bis zum einstigen **Kleinka-**

stell Hillscheid (mit **WP 1/71**) weitergehen. Über dieses Kastell geben Informationstafeln Erläuterungen. Auch bei dieser Anlage folgte einem ersten größeren Steinbau ein zweiter kleinerer. Hier macht der Limeswall, der in diesem Bereich gut erhalten ist, einen Knick nach Süden.

Sehenswert: *Heimatmuseum* Hillscheid, Bahnhofstraße 1, in Fachwerkhaus aus dem 16. Jh., Bodenfunde, Handwerksgeräte, Schwerpunkt Herstellung von Krügen für Mineralbrunnen-Abfüllungen und andere Erzeugnisse der örtlichen Krugbäcker; geöffnet 15. März bis 15. November sonntags 10.30–12 und 15–17 Uhr u. n. Vereinb.

STEFANSTURM BEI ARZBACH (5)

Vom südlichen Ortsrand von Arzbach auf der Straße nach Kemmenau bzw. Welschneudorf fahren; zwischen Kleinem Kopf und Großem Kopf liegt an der Straßengabelung linkerhand ein P.

Der Ortsname Arzbach dürfte von den einst abbauwürdigen Erzvorkommen herrühren, daß sich von Braubach über Bad Ems nach Arzbach und weiter bis Dernbach nördlich von Montabaur zieht. In Arzbach lag eine Grube am östlichen Ortsrand nördlich des Oberdorfer Baches.

Auf dem Weg zum Stefansturm passiert man am südlichen Ortsrand von Arzbach mit dem St.-Josefs-Heim die Stelle eines einstigen **Steinkastells**. Es hat wohl seit der Wende vom 1. zum 2. Jahrhundert und bis zur Aufgabe des Limes im Jahr 260 bestanden und diente dem Schutz des Limesübergangs über das tief eingeschnittenen Emsbachtal. Die benachbarte Augst-Kirche wurde über dem Bereich des **Kastellbades** erbaut. Dies bestätigten Funde beim Abbruch des alten Chores 1860. Folgt man weiter der Straße, gelangt man in einer scharfen Kurve an eine starke Quelle, „Römerquelle" genannt. Sie soll angeblich Kastell und Bad – die ohnehin in einer feuchten Mulde lagen – mit Wasser versorgt haben.

Vom P nahe der Straßengabelung folgt man dem Wegweiser „Römerturm". Nach einem zehn- bis 15minütigem steilen Aufstieg hat man den **Aussichtsturm** auf dem 423 Meter hohen Großen Kopf erreicht. Er wurde 1953/54 über dem **WP 1/84** er-

< *Turmnachbau bei Hillscheid*

baut und 1971 renoviert. Eine Schautafel erläutert den Verlauf des Limes. Bemerkenswert ist die Entfernung des Turmes von 180 Metern vom Wall, der parallel zur Straße nach Welschneudorf am Fuß des Berges einen knappen Kilometer nach Osten verläuft.
Er beschreibt dann eine Kurve um den Weißen Stein (458 m) – wo er gut sichtbar geblieben ist –, um dann in südwestlicher Richtung fast schnurgerade nach Kemmenau und Bad Ems zu verlaufen. Östlich des Emsbachtals in Höhe der Einmündung des Kohlschiedbaches liegt der Blöskopf (281 m). Hier fand die Reichs-Limeskommission Ende des 19. Jahrhunderts zwei mit Wall und Graben befestigte **römische Schmelzöfen** mit Bleierzen und Schlacken. Im Umfeld sind noch heute viele Pingen (Gruben von obertägigem Abbau) sichtbar. An der Lahn endet dann die Strecke 1 des obergermanischen Limes.
Vom nachempfundenen „Wehrgang" des Stefansturmes aus bietet sich ein weiter Blick über die bewaldeten Höhen und auf das einstigen Kastellgelände von Arzbach.

TURMNACHBAU BEI BAD EMS (6)

In Bad Ems am südlichen Lahnufer dem Wegweiser nach Becheln folgen (etwa ab dem Bahnhof ausgeschildert), dann von dieser Straße scharf nach links zum Café Wintersberg abbiegen. Eine einspurige Straße führt auf die Hochfläche.

Der erste Wachtturm (**WP 2/1**) der Limesstrecke 2 lag oberhalb des steilen Nordhanges des Wintersberges. Hier zog der Limes von der Lahn in südwestlicher Richtung geradeaus über die Höhen bis zum WP 2/3 bei Becheln.
Der Flußübergang erfolgte vermutlich auf einer Brücke, die sich etwa an der Stelle der heutigen Bahnhofsbrücke befunden haben dürfte. Gesichert war der Übergang über die Lahn durch zwei Kastelle: dem **Kleinkastell Auf der Schanz** mit einer Grundfläche von 4500 Quadratmetern unmittelbar an der Brücke am südlichen Lahnufer und dem **Kastell Ems** im Ortskern von Dorf Ems, eineinhalb Kilometer westlich des Limes auf der rechten Lahnseite. Auf der rund 1300 Quadratmeter großen Fläche ist auch die Martinskirche aus dem 12. Jahrhundert er-

baut. Wohl im 6. Jahrhundert war am Emsbach eine fränkische Siedlung entstanden, wo sich zuvor bereits das römische Lagerdorf befunden hatte. Am Rand dieses *vicus* – etwa an der heutigen Ecke Koblenzer/Bachstraße – lag das Kastellbad.
Die römischen Funde wie Inschriftensteine, Geschirr und reich verzierte Bilderschüsseln sind im **Kur- und Stadtmuseum** zu besichtigen wie auch ein Modell des Limes. Ziegelstempel deuten auf die XXII. Legion aus Mainz und die IV. Videlizier-Kohorte als hier stationierte Truppenteile hin.
Die Turmnachbildung auf dem Wintersberg im Garten der Gaststätte ist die älteste ihrer Art. Der niedrige Bau wurde 1874 „zu Ehren Kaiser Wilhelms und seines Sohnes Friedrich Wilhelm III. von den Bürgern der Stadt Ems“ errichtet, wie die lateinische Inschrift besagt. Vom Standort des Turmes aus bietet sich ein schöner Blick ins Lahntal und auf die gegenüberliegenden Höhen mit den Kurkliniken an der Bismarckhöhe (links) und dem Concordiaturm (gegenüber).
Von hier ab ist der Limeswanderweg mit einem schwarzen Turm auf weißem Grund markiert.
Sehenswert: *Kur- und Stadtmuseum*, Stadtarchiv, Römerstraße 97, T 02603-3572; geöffnet April bis September dienstags bis freitags und sonntags 14–17 Uhr, Oktober bis März mittwochs und freitags 14–17 Uhr, auch römische Funde wie Terra-Sigillata-Geschirr und Amphoren, Ziegelstempel und Inschriftensteine, Hypokaustanlagen, Münzen;
Emser Bergbaumuseum, Emser Hütte 2, T 02603-14665, geöffnet sonntags 14–17 Uhr, Emser Silbergruben seit 1158; im 19. Jh. bedeutendes Blei- und Silberwerk;
Haus zu den Vier Türmen, ältestes erhaltenes Kurhaus, begonnen 1696, vollendet 1810; *Kurhaus*, 1712/15 als barockes Schloß errichtetes Badehaus der Fürsten von Nassau-Oranien anstelle älterer Bauten (seit 14. Jh.); *Kursaal* mit Marmorsaal (1839)

Ausblick vom Stefansturm über den Westerwald

Turmnachbau über Bad Ems

DER LIMES ZWISCHEN BECHELN UND HOLZHAUSEN A. D. HAIDE MIT KLEINKASTELL PFARRHOFEN

Am südlichen Ortsrand von Becheln geht es geradeaus in nordöstlicher Richtung zum Waldrand (Straße nach Sulzbach)

Den Ort Marienfels durchquert die Straße Bräubach–Nastätten

Das Kleinkastell Pfarrhofen liegt an der Bundesstraße 260, etwa 1200 Meter nordöstlich vor Holzhausen a. d. Haide südlich der Straße im Wald.

Am „Kirschenkopf" nordwestlich von **Becheln** ändert der Limes seine Richtung und schwenkt nach Südosten um. Etwa vom Forsthaus Wolfsbusch bis zum Grauen Stein an der Straße nach Schweighausen verläuft der römische Wall für rund drei Kilometer sehr gerade und meist gut sichtbar, begleitete vom Limeswanderweg. Auch von einigen der Wachttürme (**WP 2/5** bis **WP 2/8**) sind zumindest noch Schutthügel zu erkennen.
Der Hügel von **WP 2/6** liegt rechts der Straße Becheln–Sulzbach an der Stelle, wo sie den Limes kreuzt. Es gab hier einst zwei Steintürme; die Reste des westlicheren fielen dem Straßenbau zum Opfer. Eine Schautafel des Naturparks Nassau erläutert die Situation.
Südöstlich von **Schweighausen** setzt der sichtbare Verlauf des Limes im Wald wieder ein. Der Limeswanderweg kommt östlich einer Wegspinne (350 m ü. NN) am **WP 2/12** vorbei, führt dann südlich parallel zum Limes weiter und passiert **WP 2/13** auf einer kleinen Anhöhe; nach einem Knick um den Friedhof von Dornholzhausen überquert er die Straße zu diesem Ort. Es geht knapp 500 Meter am Wall weiter, dann beschreibt der Limeswanderweg erneut einen Knick und trifft bei **WP 2/14** wieder auf den Limes, der dann an der Straße Geisig–Dornholzhausen endet. Von allen drei Steintürmen blieben nur Schutthügel.
Von den beiden **Holz-Erde-Kastellen in Marienfels** gibt es keine sichtbaren Reste mehr. Sie lagen eineinhalb Kilometer Luftlinie vom Limes entfernt. Am westliche Ortsrand zeigt eine Schautafel den Grundriß des einstigen, in Stein errichteten **Kastellbades**, das etwas weiter nördlich von diesem Punkt lag. Bereits zur Römerzeit soll der Sauerbrunnen genutzt worden sein, der heute schön gefaßt in der Ortsmitte fließt. Auch hier

konnte der Kastellstandort erst nach Auffinden des Badegebäudes lokalisiert werden. Schautafeln des Naturparks Nassau erläutern die Kastelle. In Marienfels gab es zu römischer Zeit auch eine Zivilsiedlung.
Vermutlich Mitte des 2. Jahrhunderts wurde das Militärlager näher an den Limes verlegt. Von diesem **Steinkastell Hunzel** blieben ebenfalls keine erkennbaren Spuren.
Die Bundesstraße 260 von Bad Ems nach Wiesbaden, die „Bäderstraße", kreuzt in **Pohl** den Limes. Von diesem hat der Ort seinen Namen, abgeleitet vom „Pfahl" für die einstige Grenzpalisade. Noch innerhalb des heutigen Ortsgebiets machte der Limes einen scharfen Knick nach Südosten. Die Bundesstraße, die hier der Trasse einer Altstraße folgt, begleitet ihn von dort bis kurz hinter Holzhausen. Das an der Richtungsänderung gelegene **Kleinkastell** „An der Ecke bei Pohl" (mit **WP 2/23**) ist nicht mehr sichtbar. Bei **WP 2/25** im Pohler Wäldchen liegt ein gut erhaltener Limesabschnitt – den der Limeswanderweg allerdings umgeht – wie auch westlich von Pohl am südlichen Waldrand zwischen Hunzel und Pohl, dem der Limesweg folgt.
Gut drei Kilometer nach Pohl beschreibt die Bäderstraße einen Knick nach rechts. Vor diesem Knick münden rechts zwei Forststraßen in die Bundesstraße ein; dies ist die einzige Parkmöglichkeit. Geht man am Straßenrand ein Stück weiter, sieht man im Wald die Reste der Umwallung des **Kleinkastells Pfarrhofen**. Das Steinkastell hatte eine Grundfläche von 1500 Quadratmetern und im Gegensatz zu den üblicherweise abgerundeten Ecken römischer Kastelle scharfe rechtwinkelige Kanten.
Sehenswert in Nastätten: *Museum „Leben und Arbeiten"* (Heimatmuseum „Blaues Ländchen") in der früheren Realschule; Lebens- und Arbeitswelt des 18. und 19. Jh., Spielzeugausstellung, Ausstellung „Von der Urzeit bis in Mittelalter", Dorfschule und Dorfkneipe, geöffnet dienstags bis donnerstags 9.30–11.30, sonntags 13.30–17.00 Uhr und n. Vereinb., T 06772-2978 oder 3210

KASTELL HOLZHAUSEN UND LIMESVERLAUF (7)

Für eine längere Wanderung: südöstlich von Holzhausen P an der linken Seite der Bundesstraße 260, zum zweiten P einige Meter weiter in den Wald hinein fahren (Wanderwege-Übersichtstafel); für einen Besuch des Kastells: an der Kreuzung der Bundesstraße mit dem Rotkreuz-Weg parken und diesem bis zur Schutzhütte und dann dem Wegweiser zum Kastell folgen

Eine eindrucksvolle Strecke des Limes läßt sich bis zum Kastell Holzhausen erwandern; auf rund zwei Kilometern Länge ist der römische Wall gut im Gelände zu erkennen. Er ist dann jenseits der Landesgrenze von Rheinland-Pfalz nochmals auf einem knappen Kilometer sichtbar und führt am Schutthügel von **WP 2/35** vorbei. Danach beschreibt der Limes wiederum eine Kurve und wendet sich nach Süden.

Vom Parkplatz etwa gegenüber einer Firma für Windkraftanlagen aus führt der Limeswanderweg – streckenweise etwas vom Limes entfernt – zum Nordwesthang des Grauen Kopfes. Die Schutthügel von **WP 2/33** (nicht am Wanderweg) und **2/34** sind nur wenig ausgeprägt. Nach rund 2,5 Kilometern ist das Kastell erreicht. Auf dem Rotkreuz-Weg kann man schon nach 1200 Metern zu einer Schutzhütte gelangen und von dort nach einem kurzen Anstieg zum Kastell. In diesem Bereich wurden Wall und Graben für rund 50 Meter rekonstruiert.

Das **Kastell Holzhausen** bietet sich Betrachtern als recht großes Areal dar, obwohl es mit einer Fläche von 14 000 Quadratmetern zu den kleinen Kohortenkastellen zählt. Es ist auch eines der besterhaltenen am obergermanischen Limes und das einzige, das im Land Rheinland-Pfalz in seinen Grundmauern konserviert wurde. Seine Bauzeit fällt in das letzte Viertel des 2. Jahrhunderts. Grabungen um die letzte Jahrhundertwende und von 1932 erbrachten Funde, die ins Museum Wiesbaden gelangten. Darunter war auch eine Inschrift der *Cohors II Treverorum*. Diese nannte sich zu Beginn des 3. Jahrhunderts unter wechselnden Kaisern dann *Cohors II Antonina Treverorum* bzw. *Severiana Treverorum.*

Die Umfassungsmauer des Kastells mit den Maßen 105 mal 135 Metern und den typischen abgerundeten Ecken ist in ihrer Gesamtheit zu erkennen. Die vier Tore *porta decumana, porta*

Konservierte Grundmauern des Kastells Holzhausen

dextra, porta sinistra und porta praetoria wurden rekonstruiert und bezeichnet. Vom hölzernen Stabsgebäude, der *principia*, blieben Steinfundamente, so die Apsis des Fahnenheiligtums. Das **Kastellbad** lag nordwestlich der Truppenunterkunft Richtung Limes; westlich in Richtung WP 2/34 wird eine Zivilsiedlung vermutet.

Unmittelbar östlich des Kastells überschreitet der Limes auf dem Laufenselder Weg die Landesgrenze nach Hessen. Hier endet auch der Naturpark Nassau, und der Naturpark Hochtaunus beginnt.

Sehenswert in Holzhausen a. d. Haide: *Nikolaus-August-Otto-Gedenkstätte,* Ecke Bäderstraße/Otto-Straße, T 06772-7242, geöffnet täglich 9–16 Uhr, gewidmet dem Erfinder des Viertakt-Vergasermotors (1832–1891).

KASTELL ZUGMANTEL UND TURMNACHBAU BEI ORLEN

In Taunusstein-Neuhof von der Bundesstraße 275 auf die Bundesstraße 417 Wiesbaden–Limburg wechseln, P 1,5 km nördlich von Neuhof auf der rechten Seite (gegenüber Fabrikgebäude)

Von der hessischen Landesgrenze bis hierher ist der Limes auf keinem längeren Abschnitt sichtbar. Bei Lindschied nördlich Bad Schwalbach endet die Limesstrecke 2, beim Übergang über die Aar beginnt die Strecke 3. Etwa in Höhe der heutigen Brücke lag das Kleinkastell Adolfseck. Der römische Wall zieht etwa in nordöstlicher Richtung bis zur „Hühnerstraße", wo er eine kleine Ausbuchtung nach Norden beschreibt.

Unterhalb des Parkplatzes ist die Umwallung des **Kastells** gut sichtbar. Es handelt sich dabei um die Reste der letzte Ausbauphase, die einer Inschrift zufolge im Jahr 223 vollendet wurde. Auch mit den Seitenlängen von rund 125 mal 170 Metern blieb das Kastell das kleinste einer berittenen Einheit in Obergermanien. Der ebenfalls steinerne Vorgängerbau aus der Mitte des 2. Jahrhunderts hatte die gleiche Länge, jedoch nur eine Breite von 99 Metern. Die älteren Truppenunterkünfte waren Holz-Erde-Kastelle und stammten etwa aus dem Jahr 90 bzw. vom Beginn des 2. Jahrhunderts und hatten Seitenlängen von 75 mal 89 bzw. 140 mal 89 Metern. Sie beherbergten jeweils eine Numeruseinheit mit etwa 200 Mann. Die Besatzung während der letzten Ausbauphase war die *Cohors I Treverorum equitata*, eine teilweise berittene Kohorte. Das Kastell Zugmantel gehört zu den ältesten im Taunus; es schützte den Limesdurchgang der Altstraße vom Main zur Lahn, an deren Trasse sich auch die heutige Bundesstraße hält. Der Verkehrsweg ließ letztlich auch die antike Ruine verschwinden: Beim Straßenbau um 1780 wurden das offenbar noch reichlich vorhandene Mauerwerk bis in die Fundamente hinein abgetragen und zur Befestigung der Straße verwendet, „wohl an die 2000 Karren grober Steine".

Um das Kastell, im Bereich des jetzigen Sportplatzes und noch weiter südlich sowie östlich, lag die Zivilsiedlung. Intensive Ausgrabungen durch Archäologen des Saalburgmuseums erbrachten gründliche Kenntnisse über diesen *vicus*. Funde vom Kastell Zugmantel sind denn auch in der Saalburg ausgestellt. Ein Gräberfeld säumte die damals vom südlichen Kasteltor ausgehen-

de Straße Richtung Wiesbaden. Das **Bad** befand sich an der Aarquelle, die rund 250 Meter südöstlich vom Osttor des Kastells entspringt.
Oberhalb des Parkplatzes kann man dem archäologischen Lehrpfad und dem Wegweiser zum Limesturm nach Norden folgen. Zunächst gelangt man an eine der beiden Rundschanzen in diesem Gelände. Wahrscheinlich handelte es sich dabei um ein kleines **Amphitheater** mit zwei Eingängen. Nach etwa 300 Metern ist man am Turmnachbau nahe von **WP 3/15** angelangt. Die Reste des originalen Turmes wurden 1966 beim Straßenbau ergraben. Seine ungewöhnlich große Seitenlänge von 6,30 Metern wurde auch beim Nachbau 1970/72 übernommen. Er gilt als historisch korrekt. Will man ihn als Aussichtsturm besteigen, kann man montags bis freitags von 7 bis 16.30 Uhr den Schlüssel in der auf der anderen Straßenseite gelegenen Fa. Löser holen; zu den übrigen Zeiten ist er beim Arbeiter-Samariter-Bund in Taunusstein-Wehen, Dornbornstr. 2 (T 06128-96760) erhältlich.
Vor dem Turm wurde auch ein Limesstück mit Palisade und Graben rekonstruiert. Ein recht gut erhaltener Wall setzt sich für rund zwei Kilometer im Wald nach Osten bis kurz vor Eschenhahn fort. Hier stand WP 2/18 an einer Stelle mit ungehinderter Sicht nach Osten. Bis zum etwa sechs Kilometer Luftlinie entfernten Kleinkastell Eichelgarten (WP 3/29) trennen sich hier eine jünger und eine ältere Limeslinie.
Auch westlich der Straße ist der Limes noch auf rund 300 Metern bis **WP 3/14** gut sichtbar. Ein flacher Schutthügel überdeckt die Reste eines Holzturmes der ersten und zweier Steintürme späterer Ausbauphasen.
Zurück zum Parkplatz gelangt man entweder auf dem Hinweg oder mit dem archäologischen Lehrpfad ein Stück entlang des Limes nach Osten, dann nach Süden zu einer zweiten Rundschanze und durch das Gelände des *vicus* zum Kastell.
Sehenswert in Bad Schwalbach: *Rotenburger Schlößchen* (1602), Fachwerkensemble mit Renaissance-Innenhof, heute Amtsgericht, während der Dienstzeiten zugänglich

Wachtturm nördlich des Kastells Zugmantel

Lageplan des Kastells Zugmantel mit Wanderwegen

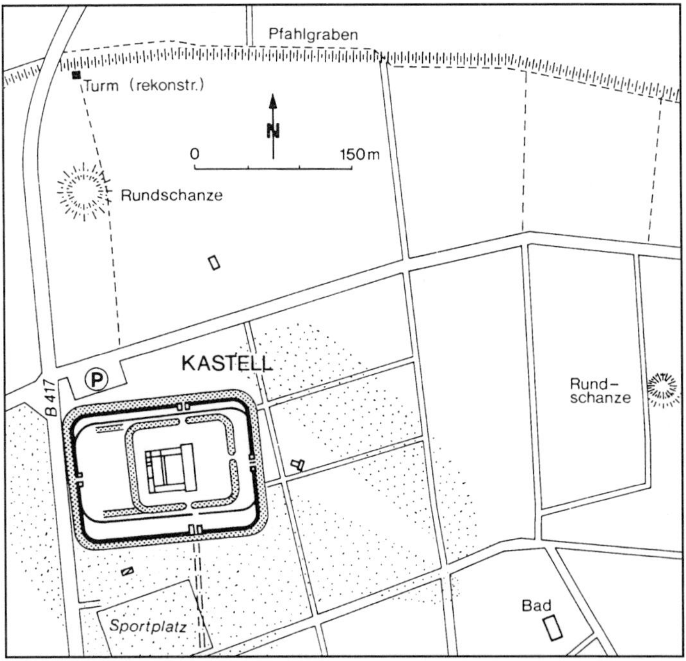

Fachwerkhäuser, besonders in Brunnen- und Adolfstraße (Stadt Frankfurt, Goldener Rebstock, Glocke, Schwan, Altes Rathaus); spätgotische *Martin-Luther-Kirche* (1471); *Stadtmuseum* mit Stadtarchiv, geöffnet mittwochs 15–17 Uhr u. n. Vereinb., T 06124-8452 oder 4966;
Apothekenmuseum im Rückgebäude der Adler-Apotheke, Originaleinrichtung der Apotheke (1820) mit Labor (18. Jh.), geöffnet donnerstags 10–12 u. 15–17 Uhr u. n. Vereinb., T 06124-8493

KASTELL ALTEBURG BEIM „HEFTRICHER MARKTPLATZ"

Auf der B 275 nördlich von Idstein bis Esch fahren, dort nach Heftrich (im Süden) abbiegen. Südlich des Ortsrandes liegt der Platz.

Südlich von Idstein-Heftrich breitet sich neben einer Straßengabelung der parkähnliche gestaltete **„Heftricher Marktplatz"** aus. Der Limes kreuzt hier die L 3275, macht wenige Meter weiter einen sanften Knick und schlägt eine mehr östliche Richtung ein. Nur 100 Meter vom Limes entfernt stand das **Kastell Alteburg**. Oberirdisch ist von ihm nichts mehr zu sehen; allerdings finden sich viele Scherben im Ackerland. Das steinerne Numeruskastell von der Mitte des 2. Jahrhunderts mit einer Grundfläche von 700 Quadratmetern hatte zwei hölzerne Vorgänger. Sie wurden nordöstlich des „Marktplatzes" durch Luftbildarchäologie entdeckt.
Das Kastellgelände grenzt – nur von einem Weg, der Alten Mainzer Straße, getrennt – an den mit alten und jungen Linden und Buchen bestandenen „Heftricher Marktplatz" an. Mit dessen Anlage hat das einstige Kastell zumindest mittelbar etwas zu tun. Im Mittelalter lebte ein Klausner in den stehengebliebenen Überresten des Kastellmauerwerkes. Schließlich entstand ein kleines Kloster mit einem Kirchlein. Seit dem 16. Jahrhundert finden „Kram- und Viehmärkte" mit Volksfestcharakter jeweils am Donnerstag nach Pfingsten, Jacobi (Ende Juli) und Bartholomäi (Ende August) statt. So wird auf dem gepflegten Platz mit den befestigten Wegen auch heute noch dreimal jährlich der „Alteburger Markt" abgehalten.

Folgt man von hier aus dem Limeswanderweg nach Westen, trifft man kurz nach dem Eintritt in den Wald auf ein recht gut erhaltenes Limesstück. Die einstigen Standorte der Türme **WP 3/31, 3/30** und **3/29** sind noch schwach erkennbar. Südlich von WP 3/39 lag das **Kleinkastell Eichelgarten** in Holz-Erde-Bauweise. An diesem Punkt treffen sich die ältere und die jüngere Limeslinie wieder (siehe S. 42). An der Strecke zwischen WP 3/18 und WP 3/29 entstanden früher als anderswo Wall und Graben neben Postenweg und Palisade. Wie auch heute, war bereits zu römischer Zeit die Idsteiner Senke eine wichtige Nord-Süd-Verkehrsachse durch den Taunus. Wahrscheinlich wollten die Römer dieses mögliche „Einfallstor" aus dem freien Germanien besonders sichern.
Sehenswert in Idstein: *Fachwerkhäuser* aus dem 17./18. Jh, bes. Killingerhaus, *Burg* über der Altstadt, *Renaissanceschloß* (1614), *evang. Kirche* (Grablege der Nassauer Grafen)

KASTELL FELDBERG (8)

Von der Bundesstraße 8 Esch-Königstein 2,5 Kilometer südöstlich von Glashütten nach Norden Richtung Schmitten bzw. Bad Homburg (Wegweiser Feldberg) abbiegen und bis zu einem der P am Roten Kreuz fahren.

Von diesem Paß auf fast 690 Meter ü. NN bietet sich eine Rundwanderung zu römischen Relikten an, die zur Sicherung dieses Taunusüberganges seit dem Ende des 1. Jahrhunderts angelegt wurden. Der ausgeschilderte „**Kastellrundweg**" ist 2,4 Kilometer lang. Der Limeswanderweg führt ebenfalls zum Ziel. Man kann auch rechts des Roten Kreuzes die schnurgerade Forststraße nach Nordosten noch 250 Meter weiter zum P „Heidenkirche" fahren und geht dann das Kastell von unten an. Der Standort des ehemaligen Truppenlagers ist der wasserreiche Hang zwischen Kleinem und Großem Feldberg; hier entspringen mehrere Quellen. Der Weg zwischen dem Limes und dem Kastell kann daher außerhalb längerer trockener Witterungsperioden recht sumpfig sein.
Direkt im Bereich der heutigen Straßenkreuzung sperrte der Wachtturm **WP 3/45** den Paß. Südlich davon verlief eine ältere

Limeslinie, die nur aus Palisaden bestand. Sie ist zwar von Glashütten über den Hang des Glaskopfes und den Emsbach noch sichtbar, doch ist dies eine recht unwegsame Gegend. Im Gelände gut erhalten ist der Wall- und Grabenverlauf der jüngeren Limeslinie, an der auch vier Turmfundamente noch erkennbar sind (**WP 3/43** bis WP **3/44a**). Dieses Teilstück zieht vom nördlichen Ortsrand von Glashütten auf direktem Weg zum Paß hinauf. Der Limeswanderweg wählt lediglich am schluchtartigen Einschnitt des Emsbaches eine etwas bequemere Route. Nach Osten setzt sich der Limes in gleichem Erhaltungszustand für die nächsten 15 Kilometer bis zur Saalburg fort.
Verläßt man die Straßenkreuzung nach Nordosten, so folgt man für 200 Meter dem Wall. Bei der zweiten Kreuzung verläßt man ihn nach Osten auf dem „Schanzenweg“. Wo dieser einen leichten Knick macht, quert die ältere Limeslinie. Es geht nun weiter leicht bergan, und nach 500 Metern seit Verlassen des Limes steht man vor der *porta decumana* und blickt auf die Apsis des Fahnenheiligtums in der Mitte des 7000 Quadratmeter großen **Kastellgeländes**. Es ist das höchstgelegene Militärlager am gesamten obergermanisch-rätischen Limes. Die Fundamente der Ummauerung und der vier Tore blieben erhalten, ebenso die des Getreidespeichers (*horreum*). Bei Untersuchungen fand sich eine hölzerne Wasserrinne; dadurch konnte die Bauzeit des Kastells auf etwa 170 datiert werden. Eine Inschrift überlieferte die Bezeichnung der hier stationierten Einheit, die *Exploratio Halicanensium.* Reste steinerner Statuetten von Schutzgottheiten verrieten sogar die Namen von zwei Hauptleuten der beiden Hundertschaften, Januarius und Verecundus.
Hangaufwärts fanden sich südöstlich des Kastells weitere Gebäudereste; die zivile Siedlung schloß sich auch im Südwesten an. Archäologisch untersucht wurde das Kastellgelände erstmals vor der Mitte des 19. Jahrhunderts durch den „Verein für Nassauische Altertumskunde“ in Wiesbaden. Umfangreiche Ausgrabungen durch die Reichs-Limeskommission folgten um die Jahrhundertwende, 1926/28 unternahm man weitere Grabungen. Unter den Funden sind auch im Sumpf bestens konservierte Lederschuhe.
Der Rundweg führt zum unteren Kastelltor, der *porta praetoria*, hinaus Richtung „Heidenkirche“. Mit diesem Namen waren einst

Blick ins Kastell Feldberg

Lageplan des Kastells Feldberg mit Wanderwegen

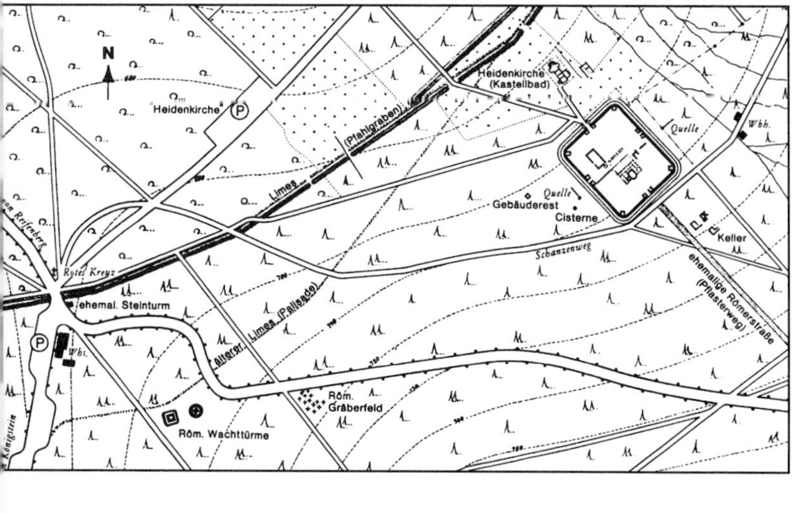

die Ruinen des **Badegebäudes** belegt. Jetzt ist von ihnen kaum mehr etwas zu erkennen. Nach links sind es laut Wegweiser dann zurück zum Roten Kreuz noch 700 Meter.
Fährt man von der Straßenkreuzung weiter zum Großen Feldberg oder wandert den gleich rechts davon abzweigenden schnurgeraden Weg bergan, so gelangt man bald in die Höhe des **WP 3/45***. Unter dieser Bezeichnung sind die Spuren eines rund und eines eckig umwallten Holzturmes zusammengefaßt, die an der Fortsetzung der oben erwähnten älteren Limeslinie lagen.
Im weiteren Verlauf des Limes hält sich der Limeswanderweg weitgehend an den Wall und verläßt ihn nur im Bereich einer Skiabfahrt. Mehrere Turmreste sind sichtbar, **WP 3/49** wurde konserviert. Der ältere Holzrum **WP 3/49*** hatte einen kreisrunden Ringgraben und war mit 825 Metern über NN der höchstgelegene am obergermanisch-rätischen Limes. Auch das Fundament von **WP 3/50** am Steinkopf wurde konserviert; er liegt etwa 70 Meter oberhalb des Taunusklub-Ehrenmals, das direkt am Limes errichtet wurde.
Die Straße, die vom Großen Feldberg hinab zur Straße L 3004 zwischen Schmitten und Oberursel führt, tangiert den römischen Wall bei **WP 3/51** und kreuzt ihn unterhalb des konservierten **WP 3/52**, kurz bevor der Taunusübergang „Sandplacken" erreicht wird.

KLEINKASTELL ALTES JAGDHAUS

Von der Paßhöhe „Sandplacken" an der Kreuzung der Straße Oberursel-Schmitten mit mehreren anderen Straßen und Wegen ein Stück weit dem Wegweiser US-Station folgen bis zum P hinter der Gaststätte.

Vom Parkplatz aus sieht man bereits die Schautafel am **Kleinkastell Altes Jagdhaus**, das etwa 200 Meter entfernt ist. Die Umfassungsmauer schließt eine Fläche von 650 Quadratmetern ein. 1893 wurden hier Grabungen vorgenommen; Funde sind in der Saalburg. Den Namen „Altes Jagdhaus" hat der Platz, da im 16. Jahrhundert in den Ruinen des Militärlagers ein Jagdhaus

erbaut wurde. Das Kleinkastell stammt vermutlich von der Mitte des 2. Jahrhunderts.
Von hier aus kann man entlang des gut sichtbaren Limeswalls in knapp sieben Kilometern die Saalburg erreichen, immer auf dem bewaldeten Bergkamm. Der Limeswanderweg hält sich weitgehend an den Verlauf der einstigen römischen Grenze.
Wer nicht so weit laufen möchte, sollte zumindest auf den Klingenkopf hinaufspazieren, der knapp einen Kilometer vom Kleinkastell entfernt ist. In dem hier anstehenden harten Gestein konnten die Römer keinen Wall aufschütten und keinen Graben ausheben. Daher errichteten sie eine Mauer aus Steinen, deren Überreste noch in etwa erkennbar sind. Die Palisadenhölzer der vorhergehenden Ausbaustufe wurden jedoch in den harten Untergrund hineingesetzt. Auf dem Klingenkopf findet man das konservierte Fundament des Steinturmes von **WP 3/55** vor.
In ähnlicher Weise geht es am Limes bis zur Saalburg weiter: manchmal sind niedere Steinwälle sichtbar, manchmal Wall und Graben, mehrere Steinfundamente von Wachtposten wurden konserviert (wie zum Beispiel Kleinkastell Heidenstock **WP 3/57** am Eichkopf, **WP 3/61** Kieshübel, **WP 3/63** Weißestein).

Konserviertes Fundament des WP 3/55 am Klingenkopf

SAALBURG-MUSEUM UND SAALBURG-KASTELL (9) MIT LEHRPFAD

Knapp drei Kilometer nördlich von Bad Homburg-Dornholzhausen an der Bundesstraße 456, auch mit Stadtbus vom S-Bahnhof Bad Homburg zu erreichen. Geöffnet täglich 8–17 Uhr, am 24. und 31. Dezember 8–12 Uhr, Führungen nach Voranmeldung T 06175-937410

Bereits vor Betreten des einzigen vollständig rekonstruierten Kastells in Deutschland gibt es vieles zu sehen. Auf dem Weg vom Parkplatz zum Haupteingang liegen linkerhand die konservierten Grundmauern zweier größerer Gebäude. Das **Gästehaus** (*mansio*) diente reisenden Offizieren und Beamten als Unterkunft. Baulich damit verbunden und ebenfalls dem militärischen Bereich zugeordnet ist das **Kastellbad** (*balineum*). Mit über 40 Metern Länge ist es von beachtlicher Größe.
Noch einige Meter unterhalb der *mansio* finden sich rechts und links der auf das Kastellhaupttor zuführenden Straße eine Reihe von Kellermauern. Diese Keller gehörten zu den langgestreckten Häusern des **Lagerdorfes** (*vicus*). Hier wie auch zu beiden Seiten des Kastells hatten sich Handwerker, Wirte und wohl auch entlassene Soldaten angesiedelt und ihre Geschäfte mit der Besatzung des Kastells betrieben. Ein großer Bau lag vor dem Osttor; er ähnelt im Grundriß einem **Gutshof** (*villa rustica*). Am Rand des Kastelldorfes standen einige Heiligtümer. „Die Tatsache, daß so viele Häuser ungeschützt außerhalb des Kastells liegen konnten, zeigt recht deutlich, ein wie sicherer Schutz der Limes für längere Zeit gewesen sein muß“, gibt der Kastellführer von D. Baatz zu bedenken.
Zu der ältesten Limesanlage im Taunus mit Postenweg und Holztürmen gehörten wohl die zwei Schanzen vor dem Osttor der Saalburg. Sie sind auch die ältesten Bauten im Kastellbereich (um 85 n. Chr.). Bald darauf, um 90. n. Chr., entstand ein kleines Holzkastell mit einer Grundfläche von etwa 80 mal 84 Metern. Es wurde bei der Errichtung des späteren größeren Kastells überbaut. Der Name der etwa 120 bis 150 Mann starken Besatzung ist nicht bekannt.
Zwischen 125 und 139 n. Chr. wurde die 2. Räter-Kohorte auf die Saalburg verlegt. Sie war ursprünglich in der Provinz Rätien

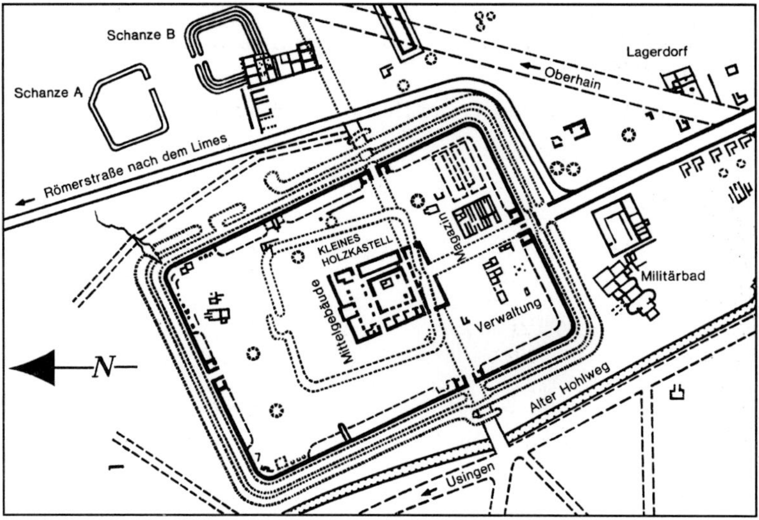

Lageplan und Rekonstruktionsversuch des Kastells Saalburg

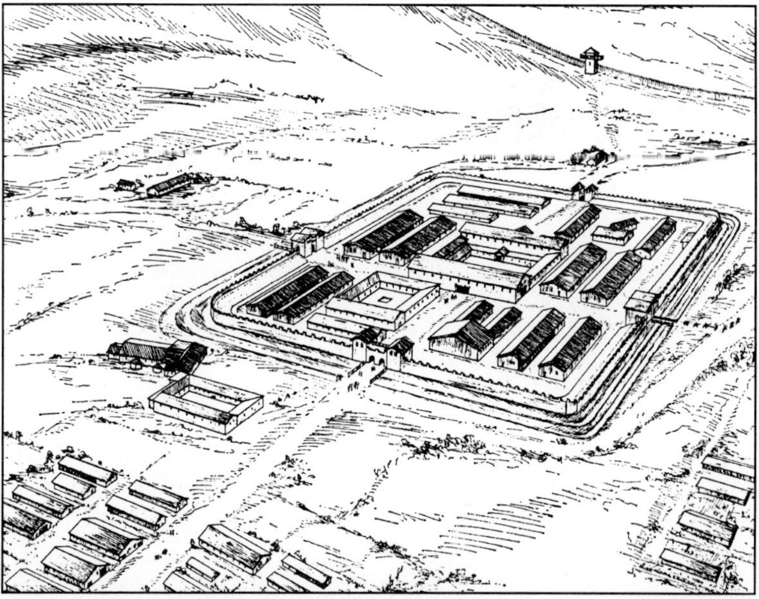

Das Haupttor zum Kastell Saalburg

Das Kastellbad im Vicusbereich

ausgehoben worden; die Ersatzmannschaften kamen später aus Obergermanien. Die Einheit war rund 500 Mann stark und blieb bis zum Ende des Limes in der Saalburg. Diese *Cohors II Raetorum civium Romanorum* baute auch das 147 mal 221 Meter große Kastell, zunächst umgeben von einer Mauer aus einem Stein-Holz-Verband. Wohl in der zweiten Hälfte des 2. Jahrhunderts wurde sie durch eine Mörtelmauer mit einem dahinter liegenden Erddamm ersetzt. Auch die zunächst in Fachwerk ausgeführten Gebäude im Inneren wurden bei Umbauten und Erneuerungen in Steinbauweise errichtet.
Germaneneinfällen beschädigten das Kastell mehrfach. Erheblich zerstört wurde es beim Angriff der Alamannen im Jahr 233 n. Chr. Das Kastelldorf scheint danach nicht wieder aufgebaut worden zu sein. Spätestens 260 n. Chr. wurde nach weiteren Germaneneinfällen der gesamte Limes und damit auch die Saalburg aufgegeben. Diese Entwicklung ist auch in Wandfresken in der Saalburg dargestellt: der Taunus-Wetterau-Limes, 83 n. Chr., die Anlage eines Postenwegs mit Holzwachttürmen und kleinen Holzkastelle gegen den Vormarsch der Chatten nach 83 (z. B. das kleine Holzkastell der Saalburg). Um 135 sah der Limes dann so aus: Palisaden vor dem Postenweg, steinerne Wachttürme, Kohortenkastelle (wie das Stein-Holz-Kastell der Saalburg); im 3. Jahrhundert war der Limes mit Wall und Graben hinter der Palisade gesichert, die Kohortenkastelle wurden mit Mörtel gemauert (auch die Saalburg), die dann 260 vor dem Alamannenansturm geräumt wurde.
Das Kastell verfiel und geriet in Vergessenheit; nicht einmal der Name ist überliefert. Die Bezeichnung „Saalburg" kann erst seit 1604 nachgewiesen werden. Seit dem Mittelalter jedoch wurden aus der gesamten Umgegend die Steine für Bauzwecke abgeholt, bis 1818 der Landgraf von Homburg diesem Treiben Einhalt gebot. Die ersten größeren Untersuchungen begannen in der Mitte des 19. Jahrhunderts. Ab 1870 wurde das Kastell samt seiner Umgebung systematisch ausgegraben und zwischen 1898 und 1907 wiederaufgebaut. Die Rekonstruktion nach dem archäologischen Kenntnisstand der damaligen Zeit ließ Kaiser Wilhelm II. besonders fördern. Heute geht man davon aus, daß sämtliche Steinbauten weiß verputzt und möglicherweise mit aufgemalten Steinfugen versehen waren. An der

Brunnen im Atrium der Saalburg

Weihesteine aus verschiedenen Orten im Lapidarium

Südostecke des Kastells ist eine solche Scheinquaderung ausgeführt. Auch sind die Zinnenabstände zu eng; an der nördlichen Kastellmauer ist ein Teilstück mit dem richtigen Maß ergänzt worden. Darüber hinaus machte die Nutzung als Museum Abweichungen von der antiken Bauform notwendig.

Trotz solcher eher marginaler Unzulänglichkeiten ist die Saalburg ein Museum von europäischem Rang. Umlaufende Spitzgräben, Wehrmauer, Wehrgang, Mannschaftsbaracken, Speicherhaus, Kommandantur, Stabsgebäude, Exerzierhalle, Amtsräume, Schreibstuben, Waffenkammern und schließlich das Fahnenheiligtum vermitteln ein anschauliches Bild militärischen Lebens in römischer Zeit. Doch erst die Zusammenschau mit den ausgestellten Funden von der Saalburg selbst und aus anderen römischen Orten gewährt einen umfassenden Einblick in die römische Zivilisation vor nahezu 2000 Jahren.

Nach Betreten des Kastells durch das Haupttor (*porta praetoria*) sieht man gleich rechts das *horreum*, den Getreidespeicher. Auf den Zweck dieses Gebäudes weist die Nachbildung einer Bauinschrift aus dem Kastell Kapersburg hin. Im Inneren des Getreidespeichers sind heute Ausstellungsstücke zu sehen, die im täglichen Leben der Römerzeit genutzt wurden: Werkzeuge, Schlösser, Waffen, von den Soldaten gebrannte Ziegel mit den Stempeln ihrer jeweiligen Einheit, Geschirr aus *Terra sigillata* und einfacher Tonware, Gläser, Schreibgeräte, ärztliche Instrumente, Lederschuhe, Schmuck und einige der insgesamt aufgefundenen 3250 Münzen. Außerdem zeigen Vitrinen unter anderem Modelle der Saalburg und eines Kastellbades.

Die *via praetoria* führt zur Vorhalle des Stabsgebäudes und kreuzt sich hier mit der *via principalis.* Dort finden sich auch die oben beschriebenen Wandfresken. Die Flügel des anschließenden Stabsgebäudes (*principia*) sind um einen Innenhof gruppiert. In den früheren Waffenkammern (*armamentaria*) werden Funde aus vorrömischer Zeit im Taunus gezeigt sowie römische Relikte aus anderen Kastellen. Die gegenüberliegenden Räume sind Exponaten römischer Technik gewidmet.

Jenseits eines weiteren Innenhofs lag das Fahnenheiligtum (*aedes*). Nachbildungen römischer Feldzeichen und die im Saalburg-Kastell aufgefundenen Inschriftensteine nehmen heute den Platz ein, der einst den Fahnen der Einheit und dem Stand-

bild des jeweiligen Kaisers vorbehalten war. Die Verwaltungsräume – häufig beheizbar – schlossen an das Fahnenheiligtum an. Im rechts gelegenen Raum ist die Wandmalerei aus dem Kastell Echzell zu sehen, links sind Steindenkmäler als Originale und in Abgüssen ausgestellt.
Auf einem Rundgang durch das Kastellgelände sollte man auch der Wallstraße folgen sowie den Wehrgang besteigen. So kann man die Reste des Holz-Erde-Vorgängerbaus und des damaligen steinernen Kastellbades entdecken sowie einstige Backöfen und Beispiele für Brunnen im Lagerbereich.
Ein **Lehrpfad** umrundet die Saalburg: Er führt mit der Markierung Ahornblatt vom Parkplatz 500 Meter nach Norden und trifft dort auf ein rekonstruiertes Teilstück des Limes mit Palisade und Wall. Weitere 500 Meter geht es nach Westen entlang der hier gut erhaltenen Grenzlinie bis zur Straße nach Obernhain. Die letzten 500 Meter führen zurück zur Saalburg. Auf einem ebenfalls bezeichneten Wanderweg läßt sich vom P Saalburg das Freilichtmuseum Hessenpark erwandern (3 km, s. unten).
Will man dem Limeswanderweg zum Bahnhof Saalburg (Lochmühle, Saalburgsiedlung) folgen, muß man die Bundesstraße 456 auf der Fußgängerbrücke nach Osten überqueren. Der Weg hält sich an den Limes und verläuft im Wald teils recht steil bergab. Auf der 1,5 Kilometer langen Strecke lagen die Türme von WP 3/68 und 3/69. **WP 3/68,** dessen ungewöhnlich großen Steinfundamente konserviert sind, versteckt sich allerdings 75 Meter oberhalb des Weges am „Fröhlichemannskopf". Nur 20 Meter vom Limes entfernt sieht man den ebenfalls konservierten **WP 3/69**. An der Stelle von **WP 3/70** lag das Kastell Lochmühle. Heute weist eine kleine Tafel am Limeswanderweg links neben dem Gasthaus Lochmühle unterhalb des Bahnhofs Saalburg darauf hin. Ein Limesstein markiert das Ende der Strecke 3. Nördlich des Bahnhofs setzt sich die Strecke 4 der römischen Grenze an der Limesstraße mit Wall und Graben fort. Seinen guten Erhaltungszustand verdankt der Limes hier seiner Einbeziehung in die „Landwehr" im Mittelalter. Alte Grenzsteine sind ebenfalls neben der Straße zu sehen.
Für die nächsten zehn Kilometer ist der Limes sehr gut sichtbar. Verfolgen läßt er sich auf dem Limeswanderweg jedoch nur gut drei Kilometer weit bis zum Zaun eines militärischen Sperrge-

biets. Die Gebäude am Limes, mit **WP 4/1** bis **WP 4/5** bezeichnet, sind durchweg als Schutthügel erkennbar.

Sehenswert in Bad Homburg: *Kurpark, Schloß* (Barockbau 1680/95, 1845 klassizistisch umgestaltet) mit Weißem Turm (14. Jh.) und Schloßpark;

Gotisches Haus, Tannenwaldweg 102, T 06172-37618, Schlößchen in neugotischem Stil (1823), Veranstaltungen im Gartensaal, *Museum* mit Überblick über die Geschichte der Stadt und der Landgrafschaft, Hutmuseum, Marienbader Sammlung, Münzkabinett, Museumscafé, geöffnet dienstags bis samstags 14–17, mittwochs 14–19 Uhr, sonntags 10–18 Uhr

zwischen Neu-Anspach und Wehrheim-Obernhain: *Freilichtmuseum Hessenpark,* T 06081-5880, ländliche Wohnkultur und Handwerk in Hessen vor der Industrialisierung in über 60 Gebäuden aus sechs Jahrhunderten, geöffnet von März bis Oktober täglich 9–18 Uhr

Wehrheim–Bahnhof Saalburg *ehem. Kloster Thron* (1243)

KASTELL KAPERSBURG, KLEINKASTELL OCKSTÄDTER WALD UND TURMNACHBAU BEIM KLEINKASTELL KAISERGRUBE (10)

1,5 Kilometer nördlich der Saalburg von der Bundesstraße 456 nach Wehrheim abbiegen, in der Ortsmitte zunächst nach rechts und dann nach Norden nach Wehrheim-Pfaffenwiesbach fahren; an der Kirche nach Südosten in die Kapersburgstraße, ab dem Fahrverbot am Ende der Straße zu Fuß in den Wald hinein weiter.

Nur zum Turmnachbau: mit dem Fahrzeug von Pfaffenwiesbach dem Sträßchen nach Osten in den Wald hinein und bis zum Beginn des Fahrverbots folgen. Ein Wegweiser leitet dann zum Limes.

Die Nähe der drei genannten römischen Objekte läßt eine kürzere und eine längere Rundwanderung zu: Der Weg von Pfaffenwiesbach zum Kastell Kapersburg und zum Kleinkastell Ockstädter Wald ergibt eine Runde von etwa sechs Kilometern; läuft man am Limes weiter bis zum Nachbau des **WP 4/16**, beträgt die Streckenlänge bis nach Pfaffenwiesbach zurück rund zehn Kilometer.

Wo der Weg, der in den Wald geführt hat, im rechten Winkel auf eine Forststraße stößt, geht man einige Meter nach rechts bis zur Umzäunung des militärischen Sperrgebiets und trifft dort auf den Limeswanderweg. Der Zaun und die begleitende Straße ziehen sich knapp einen Kilometer schnurgerade nach Osten. In Höhe des Tors 12 quert der Limes; er ist – mit den Schutthügeln von **WP 4/6** und **WP 4/7** – innerhalb des Sperrgebietes gut erhalten. Am Zaunende liegt das Wanderheim der Wandervereine Friedberg-Bad Nauheim. Rechts im angrenzenden Gelände sieht man die Reste des **Kastellbades**; die Fundamente der steinernen Bauteile, die sich an das für Bäder übliche Schema halten, sind konserviert. Das rechts (Richtung Wanderheim) gelegene *apodyterium* (Umkleideraum) bestand aus Holz.
Zum **Kastell** folgt man einem Pfad geradeaus nach Süden in den Wald hinein. Durch eines der Tore *(porta sinistra)* gelangt man ins Kastellgelände. Unmittelbar zur Rechten liegen zwei Brunnen. Auch hier waren die Unterkünfte für die Soldaten und die *principia* aus Holz errichtet. Überkommen sind die Grundmauern des Fahnenheiligtums mit der Apsis, zweier angrenzender Verwaltungsräume, die beheizbar waren, des Speichers sowie in der Nordostecke zwischen *porta praetoria* und *porta dextra* mehrerer Gebäude, deren Zweckbestimmung nicht sicher ist. Möglicherweise gehörten sie zum Wohnbereich des Kommandanten. Gesichert ist dagegen die Zuordnung des Speichergebäudes: fand sich doch hier eine Bauinschrift, die ihn als *horreum* ausweist. Auch die Bauzeit läßt sich dadurch auf die Jahre 198 bis 209 einschränken. Somit ist das Gebäude nach dem zweiten Umbau des Kastells errichtet worden.
Ein erstes Holz-Erde-Kastell entstand am Ende des 1. Jahrhunderts; es umfaßte eine Grundfläche von 800 Quadratmetern. Aus dieser Zeit stammt die Lage des Nordosttors, der *porta praetoria*, möglicherweise auch die der *porta sinistra*. Sie sind im Verhältnis zur späteren Ausdehnung nach Norden verschoben. Um die Mitte des 2. Jahrhunderts wurde die Umwallung in Steinbauweise angelegt und das Kastellgelände nach Süden hin vergrößert. Die *porta decumana* wurde in die Mitte der Nordwestseite plaziert, die *porta dextra* jedoch gegenüber der alten *porta sinistra*.

Bad des Kastells Kapersburg
Brunnen und Steinfundamente im Kastell Kapersburg

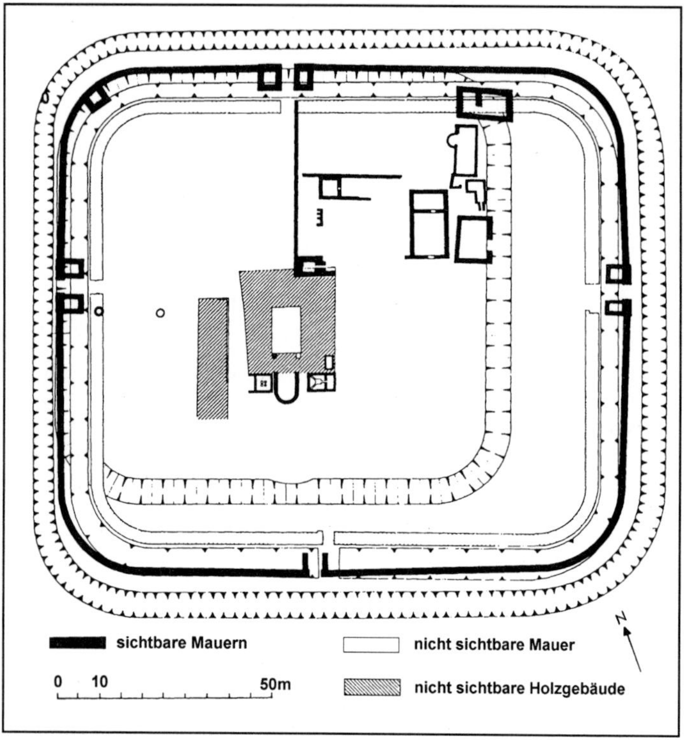

Grundriß des Kastells Kapersburg

Die Wehrmauer, die in ihren Resten heute sichtbar ist, gehört der letzten Ausbauperiode vom letzten Drittel des 2. Jahrhunderts an. Damals wurde das Kastell erneut erweitert und umfaßte nun knapp 15 000 Quadratmeter.
Die einzelnen Bauperioden wurden bei archäologischen Untersuchungen durch die Reichs-Limeskommission um die Wende zum 20. Jahrhundert und von 1906 bis 1914 festgestellt. Bereits 1832/33 und 1878/79 hatte man hier gegraben: Da waren aber die größten Teile dieses römischen Baus bereits durch die Nutzung als Steinbruch Ende des 18. Jahrhunderts und erneut ab 1832 zur Gewinnung von Baumaterial für die Kirche und die Schule in Pfaffenwiesbach zerstört worden.

Funde aus dem Kastell gelangten ins Wetteraumuseum Friedberg, darunter ein Eponarelief, Schutzgottheiten als Relief und als Statuette sowie ein anderweitig verbauter Decius-Altar. Die bereits erwähnte Inschrift am Speicher nennt den Namen des hier stationierten Truppenteils: *Numerus Nidensium.*
Zurück zum Limes, kann man diesem für rund 700 Meter nach Norden folgen und gelangt zum niedrigen Erddamm, der den Standort des **Kleinkastell Ockstädter Wald** markiert. Es lag 60 Meter östlich des Walls mit dem Tor an der dem Limes abgewandten Seite. Wahrscheinlich stammt die kleine Truppenunterkunft aus der ersten Ausbauphase des Limes und wurde bald aufgegeben. Ein Holz-, ein Steinturm und ein weitere sechseckiger Steinturm wurden in der Folge im einstigen Kastellbereich errichtet (**WP 4/11**).
Will man von hier zum Ausgangspunkt zurückkehren, nimmt man den nächsten Waldweg nach Westen und folgt der Forststraße, auf die man trifft, zunächst nach Süden und dann wieder nach Westen zum Waldrand. Hier hat man die Verlängerung der Kapersburgstraße vor sich.
Möchte man die Limeswanderung fortsetzen, bleibt man am Wall, der sich noch zwei Kilometer geradeaus fortsetzt. 500 Meter nördlich des Kleinkastells läßt sich der Schuttwall von **WP 4/12** erkennen. Bei **WP 4/14** – mit Resten zweier Holz- und eines Steinturmes – beschreibt der Limes einen Knick. 250 Meter weiter kann man die südliche Wehrmauer als Wall mit vorgelagertem Graben des **Kleinkastells Kaisergrube** (**WP 4/15**) erkennen. Auch hier folgte der quadratische Steinbau einem älteren Holzkastell. Seinen Namen erhielt die Anlage nach einer kleinen Grube gleichen Namens; der Abbau von Silber im 19./20. Jahrhundert beschädigte die Kastellreste. Weitere Abbaustätten von silberhaltigen Erzen lagen auch beim Kastell Kapersburg und am Saukopf-Nordhang.
Ein kurzer Anstieg führt nun zum **WP 4/16** auf dem Gaulskopf. Dieser Steinwachtturm hatte auffallend kräftige Fundamente, weshalb eine beträchtliche Höhe anzunehmen ist. Bei geringerem Baumwuchs als heute war eine weite Sicht von dem Standort auf 397 Meter ü. NN möglich. Neben dem originalen Wachtposten wurde in den 20er Jahren des 20. Jahrhunderts ein recht

Epona-Relief aus dem Kastell Kapersburg im Wetteraumuseum

Gustav-Oberländer-Turm im Ockstädter Wald

beeindruckender **Turm** errichtet. Wenn man ihn ersteigt, hat man von den Rundbogenöffnungen im Obergeschoß einen Blick auf die Höhen im Norden.
Der Rückweg beginnt unterhalb des Turmes an der Wegspinne; man muß die von oben gesehene zweite Abzweigung nach rechts (Südwesten, Radweg) einschlagen und gelangt dann nach 1,5 Kilometern zum Waldrand östlich von Pfaffenwiesbach. Bis zur Ortsmitte und zur Kapersburgstraße sind es dann noch etwa zwei Kilometer.

Eine weitere Möglichkeit des Zugangs bietet der P Vogeltal-Ziegenberg des Naturparks Hochtaunus an der Bundesstraße 275 bei Obermörlen-Langenhain. Im Vogeltal verläuft eine Forststraße am Fuß des Eichkopfes zunächst parallel des hier nicht sichtbaren römischen Walls. Nach etwa einem Kilometer trifft man auf den Limeswanderweg, nach 1,5 Kilometern setzt bei WP 4/18 (direkt am Weg) der Limes wieder gut sichtbar ein. Nach weiteren knapp zwei Kilometern ist der Turmnachbau bei WP 4/16 erreicht.

Sehenswert in Wehrheim *Stadtbefestigung, Stadttormuseum im ehem. Torwächterhaus*, Zum Stadttor 33, Dorfgeschichte, altes Handwerk, Sonderausstellungen, geöffnet auf Anfrage T 06081-5005 (Geschichts- u. Heimatverein Wehrheim);
in Pfaffenwiesbach *Heimatmuseum in der Alten Schule*, Lindenstraße 7, Dorfgeschichte, altes Handwerk, Gegenstände und Münzen aus der Römerzeit, geöffnet auf Anfrage T 06081-3725 (Heimatverein Pfaffenwiesbach)

DER BUTZBACHER RAUM IN DER RÖMERZEIT (11)

Von Pfaffenwiesbach nach Norden auf die Bundesstraße 275 Richtung Bad Nauheim, nach vier Kilometern nach Langenhain abbiegen und dann weiter nach Butzbach fahren.
Museum im Solm-Braunfelser Hof, Färbgasse 16, T 06033-65005, geöffnet dienstags bis freitags, sonn- und feiertags 10–12 und 14–17 Uhr, samstags 14–17 Uhr, Der Butzbacher Raum in der Römerzeit, Kellergeschoß im Altbau des neuen Museums, Funde aus dem Kohortenkastell und der dazugehörigen Zivilsiedlung

Langenhain, heute Gemeindeteil von Ober-Mörlen, wurde direkt am Limes angelegt. Die Straße „Am Pfahlgraben" begleitet

seinen Verlauf am östlichen Ortsrand. Das **Kohortenkastell** mit einer Grundfläche von 3 200 Quadratmetern war gut 100 Meter vom Limes entfernt. Von ihm ist nichts mehr zu sehen. Die Ruine diente im Mittelalter als Steinbruch, unter anderem für den Bau der gotischen Kirche, die hier ausnahmsweise fernab des Kastells errichtet wurde. An ihrer Südostecke läßt sich ein eingemauerter **Inschriftenstein** der XXII. Legion erkennen.
Während vom **Kohortenkastell Butzbach** (Hunneburg) – westlich der Bahnlinie links der Bundesstraße 277 im Bereich einer Reitanlage – keine Spuren blieben, ist der Limes südwestlich von Butzbach im Wald gut erhalten. Man folgt, ebenfalls westlich der Bahnlinie, dem Wegweiser zum Schrenzer-Bad, zu dessen P man von der Kleeberger Straße nach rechts einbiegt. Linkerhand, hangaufwärts, öffnet sich freie Wiesenfläche mit einzelnen Bäumen. Oben am Waldrand steht ein Nachbau anstelle des **Holzturmes WP 4/33** mit Wall, Graben, Palisade und Postenweg. Unmittelbar daneben liegen die Fundamente des

Nachbau des Wachtturmes am Schrenzer bei Butzbach

Steinturmes mit Seitenlängen von 6,70 Metern, umgeben von einem Ringgraben. Im Inneren wächst eine mächtige alte Kiefer. Etwas unterhalb wurde 1976 eine Eiche „zum 200jährigen Bestehen der USA von den Streitkräften in Butzbach und Kirchgöns“ gepflanzt.
Kehrt man nun zurück zur Kleeberger Straße, findet man unterhalb der Abzweigung zum Bad an einem einmündenden Waldweg den Hinweis auf den „ältesten Holzturm“ an diesem Limesabschnitt. Er liegt ein Stück weit im Wald und stammt von der ersten Limeslinie, die einen etwas anderen Verlauf hatte als die spätere, beim Bau der Steintürme angelegte (**WP 4/33***). Ausgrabungen um die Wende zum 20. Jahrhundert lassen die Gräben und Wälle des Holzturmes auch heute noch gut sichtbar erscheinen. Geht man von diesem Wachtturmrest weiter und kreuzt eine Schneise, kann man auf dem „Hoffmannsweg“ zum Limes gelangen. Er ist von hier aus für etwa 1,5 Kilometer in südwestlicher Richtung gut erhalten, ebenso sind die Standorte von **WP 4/32, 4/31*** und **4/31** erkennbar.
Zwischen den nicht mehr sichtbaren WP 4/34 und 4/35 lag das Kleinkastell Degerfeld, das einen wichtigen Limesdurchgang überwachte. Vom WP 4/33 aus zog der Limes für über zehn Kilometer schnurgerade nach Nordosten. Er verläßt nun die Höhen des Taunus und schließt die fruchtbare Wetterau ein.
Sehenswert in Butzbach: stattliche *Fachwerkhäuser* (17./18. Jh.); landgräflich-hessisches *Schloß* mit Solmsschem Amtsbau (1588); *Markuskirche*, Grablege des Landgrafen Philipp III. von Hessen-Butzbach und seiner beiden Gemahlinnen

LIMESSTRECKE AM KLEINKASTELL DICKER WALD BEI KIRCHGÖNS

Von der B 277 Butzbach–Wetzlar nach Pohl-Göns abzweigen und weiter nach Kirchgöns fahren, im Ort nach Osten zum Bahnhof, die Bahnlinie queren und auf der Verlängerung der Gambacher Straße bis zum Waldrand

Der Ortsname Pohl-Göns rührt von der Bezeichnung „Pfahl“ für den Limes her. Östlich von Kirchgöns grenzt der noch recht hohe, wenn auch stark überwachsene Limeswall zwischen dem

(nicht sichtbaren) WP 4/37 und WP 4/43 den Wald von der Ackerflur ab. Vom Sträßchen nach rechts geht man besser außerhalb des Waldes am Feldrain entlang und erst bei passender Gelegenheit in den Wald hinein. Vom Kleinkastell Dicker Wald etwa 500 Meter vom Ausgangspunkt entfernt ist sehr wenig zu erkennen. Besser sichtbar ist der Schutthügel von **WP 4/40** unmittelbar an der Bahnlinie.
Man kann dem Limesstück jedoch auch nach der anderen Seite folgen. Hier sind die Schutthügel der **WP 4/42** bis **4/44** ebenfalls auffindbar. In diesem Bereich liegen östlich des Limes an einer Forststraße mehrere Hügelgräber. Der Limeswall ist hier deswegen so gut erhalten, da er in eine mittelalterliche „Landwehr“ einbezogen war. Man könnte ihn hier noch über die Autobahnbrücke weiter verfolgen bis zum Kleinkastell Holzheimer Unterwald (3,5 Kilometer).

KLEINKASTELL HOLZHEIMER UNTERWALD (12)

Auf der Straße L 133 von Langgöns nach Pohlheim-Holzhausen unter der Autobahn A 45 hindurch, dann unter einer Hochspannungsleitung nach links Richtung Grüningen (K 162) abbiegen; links der Straße Forstweg mit einem P. Nach 250 Metern Wegweiser nach rechts

1995 wurden die Fundamente des **Kastells Holzheimer Unterwald** nach früheren Ausgrabungen erneut konserviert. Die Seitenlängen der Basaltmauern betragen 18,60 mal 19,40 Meter. Sie sind umgeben von einem Graben mit zwei Metern Breite und einem Meter Tiefe. Statt der üblichen abgerundeten Ecken stoßen die Umfassungsmauern bei diesem Bauwerk rechtwinkelig aufeinander. Mit einer Innenfläche von 290 Quadratmetern zählt diese Truppenunterkunft zu den kleinsten ihrer Art. Nur 20 bis 30 Auxiliarsoldaten waren hier stationiert. Ausgrabungen erbrachten zwei Mannschaftsbaracken aus Fachwerk. Ein 9,5 Meter tiefer Brunnen versorgte sie mit Wasser.
Auf der befestigten Forststraße kann man noch weiter dem gut sichtbaren Limesstück nach Nordosten folgen. Wachtturmreste wird man jedoch nicht entdecken.

Das Kastell Holzheimer Unterwald

Der rekonstruierte Turm auf dem Sandberg

TURMNACHBAU AUF DEM SANDBERG NAHE KLEINKASTELL HAINHAUS BEI GRÜNINGEN

Von Pohlheim-Grüningen nach Pohlheim-Leihgestern auf der Straße L 3132 nach Norden; an der ersten Gehöftgruppe vorbeifahren und erst an der nächsten Einmündung links abbiegen (Anlieger frei). Dem Wegweiser Limesturm folgen, auf der Höhe nach links (Süden) bis zum Grill- und Rastplatz

Graben, Wall und ein Stück Palisade unmittelbar am Waldrand veranschaulichen den Limesverlauf an diesem nördlichsten Teilstück des obergermanischen Limes (abgesehen von seinem Beginn in Rheinbrohl). Ein Gedenkstein ist von 1912 datiert. Die Reste des steinernen Wachtturmes **WP 4/49** liegen nordöstlich eines **Turmnachbaus**. Er wurde 1967 vom Heimatverein Schiffenberg errichtet. Die Aussicht genießen kann man nur, wenn man die hohe Außenleiter emporsteigt. Von der Nordecke des Turmumganges aus blickt man auf den Schiffenberg.
Während der römische Wall von der Höhe bis zur Straße noch sichtbar ist, setzt er sich zunächst östlich der Straße nicht fort. Der heutigen Aussiedlerhof Limeshof wurde direkt am Limesverlauf erbaut. An seiner Stelle stand das nördlichste Kleinkastell am Limes, mit **WP 4/50** bezeichnet. Auch dieses Kastell Hainhaus bei Grüningen dürfte einen hölzernen Vorgängerbau gehabt haben. Nahe des Hofes befand sich das 793 erwähnte und später abgegangene Dorf Pohlheim, das seinen Namen vom „Pfahl“ ableitete. Die Gemeindegebietsreform ließ den alten Ortsname wieder aufleben.
Sehenswert: *Schiffenberg* (Stadt Gießen), Ausblick, Ausgrabungen aus der späten Bronzezeit (1000 v. Chr.) am Nordhang, *Ruinen des Klosters* (1129) und der Basilika (1130/50); Propstei (1463), Brunnen (1715); im Sommer Theateraufführungen, Konzerte, Gottesdienste; Innenhof und Komturei (1500) bewirtschaftet

KASTELL ARNSBURG (13)

Von der Bundesstraße 488 Richtung Lich nordöstlich der Einmündung der Straße von Dorf Güll nach rechts Richtung Muschenheim abbiegen. Wenige Meter weiter an der Straßengabelung nicht nach Kloster Arnsburg, sondern nach rechts (Süden) weiterfahren. Sofort nach dem Bachübergang rechts anhalten

Der überquerte Weisbach fließt nach rund 100 Metern in die Wetter; nach diesem Flüßchen ist die Wetterau benannt.
Vom Straßenrand mit dem kleinen P führt ein Fußweg hinauf auf das Plateau. Zunächst kommt man an den Friedhof von Hof Güll. Vom Kohortenkastell Alteburg ist nichts mehr erhalten; Reste von Teilen der Nordfront mit der *porta principalis* und der Nordwestecke lassen sich für Betrachter im Gelände kaum erkennen. Mit Steinen aus der Kastellruine wurde 1151 ein Benediktinerkloster in diesem Areal erbaut. Schon 20 Jahre später wurde es aufgegeben; ein Zisterzienserkloster auf dem Plateau östlich der Wetter oberhalb der Berger Mühle wurde statt dessen auf dem Gelände der Arnsburg (10. Jahrhundert bis 1160) eingerichtet. Auch hier blieb es nur bis 1197, dann wurde es an seinen endgültigen Platz in einer Schleife der Wetter verlegt. Nach der Säkularisation verfiel es; die erhaltenen Bauteile und die ausgegrabenen Fundamente geben eine Vorstellung von der einstigen großen dreischiffigen Basilika mit Querschiff und vielteiliger Choranlage. Von den Klostergebäuden blieben ebenfalls nur Reste. Wohlerhalten sind die barocken Konventbauten mit dem Prälatenbau (1727).
Sehenswert in Lich: *Schloß* der Fürsten Solms-Hohensolms-Lich (Privatbesitz) mit Schloßpark (öffentlich zugänglich); *Marienstiftskirche* (Spätgotik); *Heimatmuseum* im Textor-Haus, geöffnet im Sommerhalbjahr samstags 10–12, sonntags 10.30–12 Uhr

BAD DES KASTELLS ECHZELL (14)

Von der Bundesstraße 455 zwischen Beerstadt und Friedberg 500 Meter südwestlich der Anschlußstelle Wölfersheim der A 45 auf die schnurgerade Kreisstraße nach Echzell abbiegen. Dort zur evangelischen Kirche im Norden des Ortes fahren (bzw. zum P am Kindergarten hinter der Kirche)

Die Straße nach Echzell verläuft auf der Trasse einer einstigen **Römerstraße** (Verbindung mit der nördlichen Wetterau bei Pohlheim) wie auch die Straße, die südwestlich des Ortes nach Friedberg führt.
Die Umrisse des **Kastellbades** sind vor der evangelischen Kirche auf dem Pflaster durch farbige Steine kenntlich gemacht. Einige Mauerreste befinden sich im Untergeschoß der Kirche. Vom Kastell selbst, das etwas weiter nördlich lag, ist nichts mehr erhalten. Es war mit einer Fläche von 52 000 Quadratmetern eines der größten am obergermanischen Limes. Vermutlich beherbergte es zwei Einheiten, eine *ala* und eine *cohors*, möglicherweise die *Cohors XXX voluntariorum civium Romanorum*. Obwohl das Kastell in den Jahren 160/170 und beim Alamanneneinfall 233 Zerstörungen erlitten hatte, bestand es bis zum Fall des Limes.
Die außergewöhnliche Wandmalerei aus einer Offizierswohnung – sie zeigt Dädalus und Ikarus – sowie eine Parademaske sind im Saalburgmuseum ausgestellt. Beide Funde stammen aus der zweiten Hälfte des 2. Jahrhunderts. Südlich des Kastells gab es im Lagerdorf Gewerbebetriebe, darunter eine Töpferei.
Rechts vor der Kirche leitet ein kleiner Park zum ehemaligen Rathaus, 1620 als Edelhofanlage der Herren Geismar und Nordeck zu Rabenau erbaut. Heute ist darin das *Heimatmuseum* untergebracht; ein Schwerpunkt der Ausstellung sind einige Funde aus dem Kastell; geöffnet sonntags 10–12 und 14–16 Uhr (feiertags geschlossen) u. n. Vereinb., T 06008-405, 362.

KASTELLBAD UND WETTERAUMUSEUM FRIEDBERG

Das Kastellbad befindet sich im Untergeschoß des Burggymnasiums auf der Burg Friedberg (Wegweiser im Stadtbereich); der Weg zum Museum ist ebenfalls ausgeschildert. Wetteraumuseum, Haagstr. 16, T 06031-88215/88218, geöffnet dienstags bis freitags 9–12 und 14–17 Uhr, samstags 9–12, sonn- u. feiertags 10–17 Uhr

Die sehenswerte Burg Friedberg, im 12. Jahrhundert als Reichsburg Kaiser Friedrichs I. Barbarossa errichtet, krönt den Burgberg am nördlichen Ende der breiten Kaiserstraße. Damit nimmt die Burg den gleichen herausragenden Platz in der Wetterau ein, der 1100 Jahre zuvor die Standort der ersten römischen Militärlager gewesen war. Die Truppenunterkünfte zu Zeiten der Feldzüge des Augustus (um 12 v. Chr.) werden nur vermutet; gesichert durch Funde sind solche aus der Zeit des Germanicus um 15 n. Chr. Allerdings entstand ein dauerhaftes Kastell erst unter Vespasian, vor der ersten Ausbaustufe des Limes nördlich von Friedberg. Der Militärstützpunkt wurde bis zum Fall des Limes beibehalten.

Bekannt sind die hier stationierten Truppenteile: anfangs die Reitereinheiten *Cohors I Aquitanorum veterana equitata* und *Cohors IV Aquitanorum equitata civium Romanorum*, ab etwa 90 n. Chr. die berittenen Bogenschützen *Cohors I Flavia Damascenorum millaria equitata sagittariorium.*

Die Ausdehnung des Kastells entsprach der späteren Burg, die auch den lang-rechteckigen Grundriß vom römischen Vorgängerbau übernahm. Südlich des Kastells breitete sich die zivile Siedlung aus mit der heutigen Kaiserstraße als Hauptachse.

Tritt man durch das Burgtor ein, führt der Weg zum **Römischen Kastellbad** nach links über den Schulhof des Burggymnasiums, zwischen Alt- und Neubau der Schule wiederum nach links und hinter den Neubau. Dort kann man die Fundamente des Kastellbades im Untergeschoß hinter Glas betrachten oder während der Schulzeit auch klingeln, um eingelassen zu werden.

Das kleine Bad stammt vermutlich aus der späteren Zeit des Kastells um das Jahr 200. Als das Burggymnasium 1963 einen Neubau benötigte, wurden die Reste freigelegt, restauriert und in das Schulgebäude einbezogen. Die Einteilung des Bades entspricht dem üblichen Schema, allerdings fehlte ein *tepidari-*

Die Kirche von Echzell steht über dem Kastellbad.

Die römische Abteilung im Wetteraumuseum Friedberg

um. Als Besonderheit gilt, daß der Außenputz an einigen Gebäudeteilen erhalten war.

Das **Wetteraumuseum** wartet gleich im Eingangsbereich mit einer sehr ansprechenden römischen Abteilung auf. Die Themen Arbeit, Beruf, Handwerk, Küche, Alltagsleben zu beiden Seiten des Limes, Soldatenleben am Limes und Luftbildarchäologie werden mit Schaubildern erläutert und durch Funde veranschaulicht. Unter ihnen sind zu nennen die Funde vom Kastell Friedberg und vom Kastell Kapersburg (u. a. ein Eponarelief), ein Töpferofen, ein Meilenstein nach *Nida* (Frankfurt-Heddernheim) und Relikte aus einer *villa rustica* im heutigen Stadtbereich; besonders dekorativ wirken Münzfunde aus dem Kastell Ober-Florstadt.

Die römische Ausstellung geht über in die Vor- und Frühgeschichte der Wetterau sowie in die Stadtgeschichte von Friedberg.

Man kann auch zum Museum fahren, auf dem Platz davor parken und von dort durch die Kaiserstraße zur Burg gehen.

Sehenswert in der ehemaligen Freien Reichsstadt sind im Burgbereich der *Burggarten* mit Aussichtskanzeln auf das *Rosental-Viadukt* und in die Wetterau, geöffnet vom 1. April bis 30. September 8–22 Uhr, vom 1. Oktober bis 31. März 10–17 Uhr, *Adolfsturm* (58 m) mit weitem Ausblick, geöffnet vom 1. Mai bis 25. Oktober samstags, sonn- und feiertags 13–17 Uhr; *St.-Georgs-Brunnen* (1738), *Burgmannenhäuser* (16./ 17. Jh.), *Burgkanzlei* mit Renaissanceportal (Finanzamt), klassizistische *Burgkirche* (um 1800);

evangelische *Stadtkirche* (Liebfrauenkirche), frühgotische Hallenkirche (nahe Museum), für Besichtigungen geöffnet dienstags und donnerstags 14.30–16 Uhr, sonntags 14–16 Uhr;

die Judengasse, u. a. mit *rituellem Frauenbad* (1260), geöffnet dienstags bis freitags 9–12 und 14–17 Uhr, samstags 9–12, sonntags 10–12 Uhr

LIMESABSCHNITT BEI LIMESHAIN-ROMMELHAUSEN MIT KLEINKASTELL, TURMRESTEN UND WALL

Von der Straße Altenstadt–Limeshain-Rommelhausen am westlichen Ortsrand von Rommelhausen nach rechts in die Wohnsiedlung. Die Straße Am Limes ist rechterhand eine Sackgasse, vor Hausnummer 1 linkerhand Stufen zu einem Pfad hinter den Gartenzäunen und dann hinauf zum Wald laufen.

Westlich oberhalb von Rommelhausen erstreckt sich zwischen **WP 4/101 a** und **WP 4/105** im Wald ein gut erhaltenes Limesstück.
Auf dem höchsten Punkt in dessen Verlauf lag auf dem Buchkopf das gleichnamige **Kleinkastell**. Oberhalb der Wohnsiedlung trifft man zunächst auf vier große Betonfundamente von ehemaligem Steinbruchgerät. Von den Zerwühlungen in diesem Bereich darf man sich nicht irritieren lassen, sondern muß weiter auf die höchste Stelle im Hochwald zugehen. Dem hohen Limeswall, den man dort vorfindet, kann man auch für einen knappen Kilometer nach Nordwesten folgen (zur Straße Waldsiedlung–Höchst); oder nach Südosten gehen (gut 500 Meter bis zur Straße Rommelhausen–Ostheim, zwei Kilometer bis zur Drususeiche bei WP 4/105).
Vom Kleinkastell ist im wesentlichen nur ein Schutthügel sichtbar. Der Bau mit abgerundeten Ecken – als **WP 4/102** bezeichnet – hatte nur eine Grundfläche von etwa 125 Quadratmetern.
Will man nicht die nächsten 500 Meter dem sehr gut erhaltenen römischen Wall zu Fuß folgen, muß man mit dem Fahrzeug zurück zur Hauptstraße und bei der nächsten Abzweigung nach rechts Richtung Ostheim fahren (ausgeschildert: „Limes"). Am Sportplatz (P) geht es noch rund 300 Meter weiter bis zu einem Waldweg an der linken Straßenseite. Hier wurden ein Stück Palisade und Limeswall rekonstruiert. Eine Wanderwegetafel weist auch auf einen Limeswanderweg hin (Markierung Turm).
Sehenswert in Altenstadt: ehem. Zisterzienserinnenkloster *Engelthal* (heute Benediktinerinnenkloster), *St.-Nikolai-Kirche* mit Wehrturm

Palisade, Wall und Graben bei Limeshain-Rommelhausen
Fundamente des Kastellbades von Rückingen

BAD DES KASTELLS RÜCKINGEN (15)

Von Erlsensee-Langendiebach auf der Langendiebacher Straße nach Erlensee-Rückingen die Bundesstraße 40 kreuzen bzw. auf dieser zwischen Hanau und der A 45 im Gemeindegebiet Erlensee in die Rodenbacher Straße (nach Südosten) fahren. Dort nach rechts in die Römerstraße einbiegen, am Ende der Straße liegt links ein P

Die lange Limesstrecke 4 endet an einem Knick des römischen Walls in der Höhe eines Kastells im heutigen Hammerbach-Marköbel an der Straße Nidderau–Ronneburg. Von hier aus bis zum Main in Großkrotzenburg verläuft die Strecke 5 schnurgerade nach Süden. Von den Wachttürmen WP 5/1 bis WP 5/11 sowie vom Kleinkastell Langendiebach im gleichnamigen Ortsteil von Erlensee ist nichts mehr zu sehen; der Limes ist bis WP 5/9 gar nicht, danach nur in kurzen Teilstrecken zu erkennen.
Das Kastell Rückingen nahe des Limesüberganges über die Kinzig lag an einer der sternförmig von Hanau ausgehenden römischen Straßen. Man suchte und fand es erst 1883, nachdem man den Zusammenhang zwischen dem Bad und einem Militärlager erkannt hatte.
Das **Bad des Kastells Rückingen** wurde erstmals 1802 bis 1804 archäologisch untersucht. Es liegt am Rande eines Wohngebiets; das Gelände wird als Spielplatz genutzt. Die in Teilen ihrer Grundmauern wiederhergestellte Badanlage war sozusagen das Rückgebäude des Kastells, der sogenannten Altenburg, das vollständig mit Wohnhäusern überbaut ist. Bald nach dem Jahr 100 wurde in dem 2500 Quadratmeter großen Militärlager die *Cohors III Dalmatorum pia fidelis* stationiert. Möglicherweise hatte das Steinkastell einen kleineren Vorgängerbau.
Sehenswert in Erlensee-Rückingen: *Heimatmuseum* in der Wasserburg (1569) mit Funden aus Kastell und Bad, geöffnet von April bis Oktober jeden 1. Sonntag im Monat 14–17 Uhr

BAD DES KASTELLS HANAU-SALISBERG UND ARCHÄOLOGISCHES MUSEUM HANAU-STEINHEIM (16)

Fundamente des Kastellbades im Friedhof Kesselstadt zwischen Frankfurter Landstraße und B 45 nördlich des Mains, eingerahmt von S-Bahn-Trasse, Salisweg und Baumweg, tagsüber zugänglich Museum Schloß Steinheim, Schloßstraße, T 06181-659701 oder 20209, geöffnet donnerstags bis sonntags 10–12 und 14–17 Uhr, Zufahrt von der Kreuzung der Bundesstraßen 43 und 45 westlich des Mains auf der Ludwigstraße nach Süden bis zur Steinheimer Vorstadt oder von der Hellentalbrücke (B 43 A) dorthin abbiegen

Das Hanauer Becken war von ähnlich strategischer Bedeutung wie das Neuwieder Becken. Altstraßen in Nord-Süd-Richtung und Verbindungen zu den germanischen Siedlungsgebieten in Thüringen verliefen hier. Zur Sicherung dieser Verkehrswege, des Flußübergangs und der Mainschiffahrt wurde um 85 n. Chr. mit dem Bau des **Steinkastells Kesselstadt** begonnen. Mit Militäreinheiten war es jedoch nie belegt. Der Südwesten des Kastells wurde teilweise mit dem Schloß Philippsruhe überbaut, die Südmauer durch Hochwasser zerstört.
Ende des 1. Jahrhunderts entstand ein Holzkastell auf dem rund 600 Meter nordöstlich gelegenen, flachen Salisberg an der römischen Straße Hanau–Friedberg. Es wurde wenig später durch ein größeres **Kohortenkastell** ersetzt. Auch dieses Militärlager hatte keinen langen Bestand, die dazugehörige Zivilsiedlung jedoch florierte bis zum Ende des Limes. Ausgrabungen deckten einen bedeutenden Münzschatz auf und wiesen Handelsbeziehungen der Einwohner bis Afrika und Indien nach.
Die Fundamente des zum Kastell Salisberg gehörigen **Badegebäudes** wurden 1914/1919 bei der Friedhofserweiterung erstmals ergraben, 1988/89 erneut untersucht sowie konserviert. Teile der Grundmauern und der Fußbodenheizung wurden rekonstruiert. Den einzigen erhaltenen römischen Bau in Hanau erläutern Informationstafeln, die auch einen Einblick in die römische Geschichte Kesselstadts – dessen Name vermutlich auf das Wort „Kastell" zurückgeht – geben. Das Badegebäude war rund 45 Meter lang, das Warmbad besaß zwei Apsiden. Im südöstlichen Teil des Bades lag ein kleinerer Vorgängerbau unter den jüngeren Mauerresten.

Schloß Steinheim (oben) beherbergt auch ein nachempfundenes Mithras-Heiligtum.

Bald nach 100 wird auch die Brücke zwischen den heutigen Straßen Am Mainkanal/Werftstraße und Zur Römerbrücke erbaut worden sein. 1886 bis 1894 wurde dieses Areal erforscht. Unter den zahlreichen Funden waren mit eisernen Pfahlschuhen versehene Eichenpfähle der hölzernen Bogenbrücke.
Schloß Steinheim entstand anstelle einer Burg von etwa 1200 (Bergfried 15. Jh., Umbau 1800). Als **archäologisches Regionalmuseum** des Main-Kinzig-Kreises präsentiert es die Vor- und Frühgeschichte der Umgebung sowie die Geschichte Steinheims. Neben Funden aus der Region zeigt die **Abteilung „Römische Kaiserzeit"** ein nachempfundenes Mithräum; der Film „Unter römischer Herrschaft" rundet die Ausstellung ab.
Sehenswert: *Marktplatz mit Brüder-Grimm-Denkmal, Neustädter Rathaus* (1773); *Marienkirche* (1454, Wiederaufbau 1961); *Wallonisch-Niederländische Doppelkirche* (1608);
Deutsches Goldschmiedehaus (1538), Altstädter Markt, T 06181-295430, 1550 Rathaus, 1945 zerstört, 1981/82 Wiederaufbau, geöffnet dienstags bis sonntags 10–12 und 14–17 Uhr;
Museum Schloß Philippsruhe (1701), Philippsruher Allee, T 06181-20209, u. a. Grimm-Sammlung, Industrialisierung und Arbeiterbewegung, Kunsthandwerk, Hanauer Fayencen, Niederländische Malerei (17. Jh.), Museumscafé, Papiertheatermuseum, geöffnet dienstags bis sonntags 11–18 Uhr, Schloßpark mit Skulpturenpark, Schiffsanlegestelle;
Historische Kuranlagen Wilhelmsbad (1777, nach Entdeckung einer Mineralquelle 1709) Parkpromenade 4, T 06181-86212, mit *Comoedienhaus* und *Hessischem Puppenmuseum* im Arkadenbau, geöffnet täglich außer montags 10–12 und 14–17 Uhr;
Wildpark „Alte Fasanerie" (seit 1705), Klein-Auheim, Naturschutzgebiet „Untere Fasanerie"; „Obere Fasanerie" (1746), heute Wildpark, *Forstmuseum,* geöffnet 1. Oktober bis 31. März montags bis freitags 9–16 Uhr, samstags, sonn- u. feiertags 9–17 Uhr, 1. April bis 30. September montags bis freitags 9–17 Uhr, samstags, sonn- u. feiertags 9–18 Uhr;
Museum Großauheim (1906, ehem. Elektrizitätswerk und Badeanstalt), Pfortenwingert 4, T 06181-20209, bäuerliches Leben, Industriegeschichte, Tierplastiken (A. Gaul), Gemälde (A. Peukert), geöffnet donnerstags bis sonntags 10–12 und 14–17 Uhr

KLEINKASTELL NEUWIRTSHAUS MIT LIMESABSCHNITT

An der Bundesstraße 8 zwischen Hanau und Kahl am Main linkerhand bei Großauheim-Neuwirtshaus in einen P fahren, von dort auf einer kleinen Straße nach links (Osten) bis zum Wanderparkplatz

Vom Wanderparkplatz aus erreicht man zunächst einen ausgedehnten Spiel- und Rastplatz. Der Limeswanderweg führt auf beiden Seiten der Forststraße am gut erkennbaren römischen Wall entlang bzw. auf seiner Krone: rund 1200 Meter nach Süden – dabei quert der Limes die B 8 – bis zum Quellwasserwerk nördlich von Großkrotzenburg, gut 600 Meter nach Norden bis zur Autobahn bzw. knapp zwei Kilometer, wenn man die Autobahn auf einer Brücke kreuzt und bis zum flachen Schutthügel des WP 5/12 weitergeht. Nördlich davon führt der Limes durch einen Sumpf, die Rote Lache mit dem Doppelbiergraben. Diesen Sumpf hatten die Römer mit einem 3,5 Meter breiten Knüppeldamm aus Erlen- und Birkenhölzern überwunden, der mit einer bis zu 30 Zentimetern starken Kies- und Sandschicht überdeckt war. Der Limes macht hier eine Ausbuchtung nach Westen.

Rekonstruktionsversuch des Kleinkastells Neuwirtshaus, älteste Bauphase

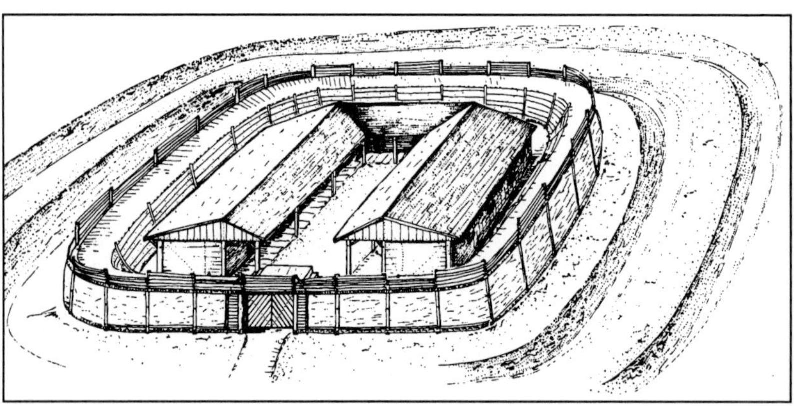

An diesem Teilstück nach Norden markiert etwa 300 Meter nördlich des Ausgangspunktes an der Forststraße – die auf der Trasse einer Altstraße verläuft – ein größerer Hügel den Standort des einstigen **Kleinkastells Neuwirtshaus**. Die Truppenunterkunft war 80 Meter vom Limes entfernt und hatte eine Grundfläche von rund 1000 Quadratmetern. Die Holzgebäude waren mit einem Holz-Erde-Wall umgeben; die Entfernung der Wallkrone von der Sohle des umgebenden Grabens ist auch heute noch beachtlich. Die Anlage wurde erst etwa 50 Jahre nach dem Ausbau der Grenzlinie mit hölzernen Wachttürmen errichtet. Möglicherweise waren die beiden Kohortenkastelle in Rückingen und Großkrotzenburg durch die sumpfigen Stellen – die schon erwähnte Rote Lache und eine verlandete Mainschleife beim heutigen Quellwasserwerk – in feuchten Witterungsperioden von dieser Limesstrecke abgeschnitten. Daher sollte das Kleinkastell diesen Bereich schützen und eventuell den Verkehr auf der erwähnten Altstraße kontrollieren.

KASTELL GROSSKROTZENBURG (17)

Auf der Bundesstraße 8 Richtung Kahl am Main bis zur Kreuzung mit der Straße nach Großkrotzenburg, dort nach Südwesten. Heimatmuseum geöffnet jeden 2. Sonntag im Monat 10–12 und 14–16 Uhr, T 06181 571877

Am Mainübergang Großkrotzenburg endet die Limesstrecke 5. Ab hier bildete der Fluß die römische Grenze bis zum Kastell Wörth an der älteren Odenwaldlinie bzw. bis zum Kastell Miltenberg-Ost, wo die Limesstrecke 7 einsetzt. (Als Strecke 6 wird die Linie zwischen Hainstadt gegenüber Großkrotzenburg und Wörth am Main bezeichnet; hier wurden jedoch keine Wälle und Gräben angelegt, sondern lediglich Kastelle.)
In Großkrotzenburg wurde eine St.-Laurentis-Kirche innerhalb des **Kastellgeländes** errichtet, und zwar nahe der *via principalis*, deren Verlauf die heutige Kirchenstraße markiert. Ihre erste urkundliche Erwähnung erfolgte allerdings erst im Jahr 1175; der heutige Bau stammt von 1826/28. Die nördliche Fortsetzung der Kirchenstraße, die Bahnhofstraße, ist in ihrem Verlauf an die Trasse einer römischen Straße angenähert. Die *via decu-*

mana kann man von Westen her in etwa auf der Breiten Straße verfolgen. Die Sackgasse im Osten verläuft zwar etwas versetzt, trifft aber dennoch auf eines der einstigen Kastelltore, und zwar auf das dem Limes am nächsten gelegene.
Unmittelbar neben dem Haupteingang der Kirche führt eine Treppe zur einstigen Südmauer des Kastells. Sie blieb erhalten, weil sie im Mittelalter als Wehrmauer genutzt und ausgebaut wurde. Damals erfuhr auch einer der Ecktürme des Kastells eine Veränderung. Bis 1800 diente er als Gefängnis.
Geht man an diesem Mauerzug weiter, gelangt man zum **Heimatmuseum** im ehemaligen Schulhaus von 1874; die römischen Funde aus dem Kastell und aus der Zivilsiedlung werden hier gezeigt. Darunter befinden sich ein Mithrasheiligtum, Weihesteine, Reste der römischen Mainbrücke, Waffen, Rüstungen, Eisengeräte, Keramik, Gläser, eine Getreidemühle sowie Hypokaustkacheln. Ergänzt werden die Funde durch Karten, Modelle und Dioramen.
Westlich vom Eingang zu dem kleinen Park, in dem Museum und Bücherei liegen, ist auf dem Parkplatz die *porta decumana* mit farblich abgehobenen Steinen markiert.
Das Kastell hatte eine Grundfläche von 22 000 Quadratmetern. Seine Besatzung war die *Cohors II Vindelicorum*, vermutlich seit etwa 100. Zuvor hatte hier wohl ein kleineres Holzkastell bestanden. Etwa 50 Meter westlich des Kastells fanden Limesforscher 1881 im Verlauf der Breiten Straße Trümmer eines großen Gebäudes, das später als Kastellbad bestimmt wurde. In Luftlinie direkt unterhalb dieses Bades am Mainufer lag der nördliche Brückenkopf der römische Steinbrücke, deren Pfahlgründung man im Main entdeckte. Sie sind in das Jahr 134 zu datieren. Zu diesem Flußübergang gehörte wohl die Station der Benefiziarier, einer Art Straßenpolizei, an der Einmündung der Haingasse in die Nebenstraße. Nahe des Limes nördlich des Kastells wurden an der heutigen Louisenstraße Ziegelöfen entdeckt. Hier brannte die Lagerbesatzung – vor allem Ende des 2. Jahrhunderts – Bausteine für andere Kastelle. Schließlich lag im heutigen Ortskern von Großkrotzenburg nordwestlich des Kastells an der Mainstraße ein Mithrasheiligtum.
Sehenswert: *Ehemalige Synagoge*

< *Mauerreste des Kastells in Großkrotzenburg*

RÖMISCHES SELIGENSTADT UND LANDSCHAFTSMUSEUM (18)

P am Mainufer bzw. im Bereich der Klosters

An der sogenannten „älteren Mainlinie", der römischen Grenze, die hier durch den Main gebildet wurde, war Seligenstadt das nördlichste Kohortenkastell; in Hainstadt war lediglich eine Numeruseinheit stationiert. Inschriften benennen die Einheit von Seligenstadt: die *Cohors I civium Romanorum equitata*. Der Truppenstandort existierte von etwa 100 bis zum Fall des Limes. Zunächst entstand ein Holzkastell, das Mitte des 2. Jahrhunderts durch ein etwa gleich großes Steinkastell ersetzt wurde. In seinen Resten hielten sich zunächst Alamannnen (ab Mitte des 4. Jahrhunderts) auf. Im Tal des Breitenbachs entstand dann die frühmittelalterliche Siedlung Mulinheim superior (im Gegensatz zu Mulinheim inferior, dem heutigen Mühlheim am Main bei Hanau). Beide Orte gelangten 815 an Einhard, Gelehrter am Hof Karls des Großen und danach Gefolgsmann Kaiser Ludwigs I., des Frommen. 830 stiftete Einhard ein Kloster, dessen Beliebtheit als Wallfahrtsziel nach dem Tod von Einhard 840 zum Namenswechsel in „Saligunstatt" führte. Die Basilika – die größte erhaltene aus karolingischer Zeit – erbaute man teilweise aus den bequem erreichbaren Steinen der Kastellruinen.
Sakralbauten wurden in Seligenstadt nicht im Kastellgelände errichtet; in staufischer Zeit entstand unter den Kaisern Friedrich I. Barbarossa und Friedrich II. an der Wasserseite des Kastells ein „Palatium" (Kaiserpfalz). Nach einem Brand wurde diese Uferfront um 1460 in eine neue Stadtmauer einbezogen. Die inzwischen konservierten Reste sind auch heute noch beeindruckend. Über dem Kastellgelände von über 30 000 Quadratmetern Grundfläche erwuchs der Kern der Bürgerstadt mit dem Marktplatz. Funde wurden daher beispielsweise unter dem Rathaus und immer wieder unter der Stadtbefestigung entdeckt. Ausgrabungen im Klostergelände brachten Reste des zivilen Lagerdorfes zutage, das die Truppenunterkunft auf den drei Landseiten umschloß.
Im Stadtbereich wird mit Inschriftentafeln auf historische Gebäude, auch auf einstige Standorte römischer Bauten hingewiesen.

Sehenswert: *Ehemalige Benediktinerabtei*, Klosterhof 1, mit der Einhards-Basilika, ausgedehntem Klostergarten und Ausstellungsräumen in Prälatur, Küche, Sommerrefektorium und Bibliothek, geöffnet dienstags bis sonntags von März bis Oktober 10 –12 und 13–17 Uhr, von November bis Februar 10–12 und 13–15 Uhr, T 06182-22640;
Landschaftsmuseum, Klosterhof 2, in der ehemaligen Abtei, Vor- und Frühgeschichte mit römischen Funden, Baugeschichte des Klosters, Stadtentwicklung zur Stauferzeit und neuere Geschichte Seligenstadts, geöffnet von März bis Oktober dienstags bis freitags 10–18 Uhr, samstags 13–18 Uhr, sonntags 11–18 Uhr, November bis Februar jeweils nur bis 17 Uhr, T 06182-20455;
Altstadt mit historischen Häusern, Romanisches Haus, restaurierte Grundmauern des Palatiums, Führungen samstags 11 Uhr, sonntags 16 Uhr u. n. Vereinb. ab Einhardhaus (Verkehrsbüro), Aschaffenburger Str. 1, T 06182-87177

Die Einhardsbasilika mit anschließenden Klostergebäuden

BAD DES KASTELLS STOCKSTADT AM MAIN IN ASCHAFFENBURG-NILKHEIM (19)

Wer auch Aschaffenburg besuchen möchte, sollte von Seligenstadt kommend auf der Bundesstraße 469 westlich von Stockstadt bleiben und dann auf der B 26 (Darmstädter Straße) nach Aschaffenburg hineinfahren. Auf der Williges- oder der Adenauerbrücke verläßt man die Altstadt wieder und fährt auf der Großostheimer Straße (St 3115) nach Südwesten. Beim Nilkheimer Hof, Großostheimer Str. 201, liegt das Garten- und Friedhofsamt der Stadt Aschaffenburg, T 06021-35830, mit einem daran anschließenden öffentlichen Park, tagsüber zugänglich

Kurz nach der Kreuzung der B 459 mit der Autobahn A 45 verläuft die „ältere Mainlinie“ auf bayerischem Gebiet (das rechte Mainufer ist ab Kahl am Main bayerisch). Das Kastell Stockstadt ist das am gründlichsten untersuchte an diesem Teilstück der einstigen römischen Grenze. Allerdings sind auch keine Spuren von ihm mehr auszumachen: Es wurde Ende des 19. Jahrhunderts von der damaligen „Zellstoff-Farbik der Aschaffenburger Aktien-Gesellschaft für Maschinenpapierfabrikation“ überbaut. Einem früh errichteten kleinen Holzkastell direkt am Main (bei der heutigen Eisenbahnbrücke) folgte wenig später erneut ein Holzbau; im gleichen Zeitraum wurde ein hölzernes Kohortenkastell etwas weiter südöstlich erstellt, das wiederum Mitte des 2. Jahrhunderts in ein Steinkastell umgebaut wurde. Für die teils berittene Besatzung sind drei Truppeneinheiten überliefert: die *Cohors III Aquitanorum equitata civium Romanorum* (danach an die alte Odenwaldlinie verlegt), die *Cohors II Hispanorum equitata* (von dort gekommen), und schließlich die *Cohors I Aquitanorum veterana equitata* (siehe Kastell Arnsburg). Auch das Kastelldorf wurde untersucht, ebenso die Heiligtümer, eine Benefiziarierstation und die Schiffsanlegestelle. Die reichen Funde sind, soweit sie nicht in die Saalburg gelangten, im Stiftsmuseum Aschaffenburg ausgestellt (siehe dort).
Das 1895 entdeckte Kastellbad wurde 1968 in den Nilkheimer Park verlegt. Diese Anlage gehört zum Hofgut Nilkheim und entstand ab 1782 unter Kurfürst Friedrich Carl von Erthal in Zusammenhang mit dem benachbarten Park Schönbusch (siehe Aschaffenburg). 1965 gelangte der Park in den Besitz der Stadt

Aschaffenburg und wurde neu gestaltet; in diesem Zusammenhang erfolgte auch die Rekonstruktion der Badfundamente in diesem Park.
Auf der Mittelallee des Parks, der sich am Mainufer bis zur Eisenbahnbrücke hinzieht, wendet man sich nach links (Nordosten, Richtung Aschaffenburg) und geht auf einen Sandsteinobelisken zu. Kurz vor ihm liegen rechterhand die konservierten Fundamente des Stockstädter Kastellbades.
Sehenswert in Stockstadt: *Heimatmuseum*, Maingasse 1, T 06027-20050 (Gemeindeverw.), geöffnet 1. Sonntag im Monat 14–17 Uhr u. n. Vereinb., römische Weihesteine, Geschirr, Modelle des Kastells Stockstadt und eines römischen Brandgrabes; *Leonharduskirche, Altes Zollhaus*

Die konservierten Fundamente des Kastellbades aus Stockstadt

RÖMISCHE FUNDE IM STIFTSMUSEUM ASCHAFFENBURG (20) UND POMPEJANUM

Das Stiftsmuseum liegt am Stiftsplatz neben der Stiftskirche St. Peter und Alexander; von der linken Mainseite über die Willigesbrücke und die Löherstraße erreichbar, geöffnet täglich außer dienstags 10–13 und 14–17 Uhr, T 06021-330463; zum Pompejanum weiter auf der Landingstraße nach Nordwesten zum Schloßplatz, geöffnet vom 15. März bis 15. Oktober täglich außer montags 10–12.30 und 13.30–17 Uhr, T 06021-218012

Im **Stiftsmuseum** im Stiftskapitelhaus ist neben Kirchenkunst aus Aschaffenburg und vom Untermain auch eine Sammlung vor- und frühgeschichtlicher Bodenfunde untergebracht. Dokumentiert wird die Besiedelung des Maintals seit der ältesten Steinzeit bis ins frühe Mittelalter. Aus der römischen Epoche werden Funde aus den Kastellen Stockstadt bis Wörth gezeigt, darunter so hervorragende Exponate wie eine bronzene Brunnenmaske aus Niederberg, eine Reitermaske und ein Münzfund aus Stockstadt oder die Gürtelgarnitur eines Germanen in römischen Diensten aus Kahl am Main. Weiter sind Altäre, Grabsteine und Skulpturen aus den Limeskastellen der Mainlinie ausgestellt. Besonders zu erwähnen sind die vier Göttersteine – Teile von Jupiter-Gigantensäulen – und eine komplette Gigantensäule, die aus verschiedenen Fragmenten zusammengesetzt wurde. Aus Stockstadt stammen die Amphoren, die in einem nachgebildeten Vorratskeller gezeigt werden. In einzelnen Vitrinen werden das Leben in einer *villa rustica*, Schmuck und Schminken der Römerinnen, die römische Armee und das religiöse Leben dargestellt.
Das **Pompejanum** im Schloßgarten steht am Hochufer des Mains. König Ludwig I. von Bayern ließ dieses nachempfundene römische Wohnhaus 1840–48 von seinem Hofarchitekten Friedrich von Gärtner nach dem Vorbild des „Hauses der Dioskuren" in Pompeji erbauen. Anlaß dazu gaben die zuvor bekannt gewordenen Ausgrabungen in dieser verschütteten antiken Stadt. Empfangs- und Gästezimmer, Speisezimmer und Küche sind um zwei Innenhöfe herum angeordnet. Ein Wasserbecken belebt das Atrium, im rückwärtigen Hausteil ist ein Garten (*viridarium*) angelegt. Die prachtvolle Ausmalung und die

Das Pompejanum, im Hintergrund Schloß Johannesburg

Mosaikfußböden richteten sich nach antiken Vorbildern. Auch dieses Bauwerk wurde im Zweiten Weltkrieg schwer beschädigt. Ab 1960 wurde das Pompejanum restauriert. Seit 1994 sind in den Räumen originale römische Kunstwerke aus den Beständen der Staatlichen Antikensammlung (Glyptothek) in München zu sehen wie Marmorskulpturen, Kleinbronzen, Gläser und zwei seltene Götterthrone aus Marmor.

Sehenswert: *Schloß Johannisburg*, ehemalige Zweitresidenz der Mainzer Kurfürsten und Erzbischöfe, großartiger Renaissancebau (1605/14), vier dreigeschossige Flügel um einen quadratischen Innenhof mit Treppentürmen in den Ecken, Schloßmuseum, Staatsgalerie, u. a. mit Gemälden von Lucas Cranach, Korkmodelle der „berühmtesten Ruinen Roms" (18./19 Jh.), geöffnet vom 1. April bis 31. Oktober täglich außer montags 9–12 und 13–17 Uhr, vom 1. November bis 31. März 11–16 Uhr (24./25. u. 31.12. geschlossen), T 06021–22417, Glockenspiel im Ostturm, Carillonkonzerte jeden 1. Sonntag im Monat von Mai bis September, 16 Uhr, automatisches Spiel täglich 9.05, 12.05, 17.05 Uhr;

Stiftskirche St. Peter und Alexander, im Kern romanisch bis frühgotisch (12. Jh.), *spätromanischer Kreuzgang*, Querhaus, Ostchor, West- und Nordwestportal (1. Hälfte 13. Jh.), Turm (15./16. Jh.), bedeutende Kunstschätze, zu Besichtigungen geöffnet werktags ab 9, sonntags ab 12 Uhr;

Schönborner Hof, Wermbachstraße 15, dreiflügeliges barockes Stadtschloß (1673/81), Naturwissenschaftliches Museum, T 06021-330446, -6220, -6223, geöffnet donnerstags bis dienstags 9–12 und 13–16 Uhr, Botanik, Zoologie (größte Wanzensammlung Europas), Geologie (Schwerpunkt Spessart), Mineralien aus den ehemaligen Kupfererzgruben im Kahlgrund;

Schloß Schönbusch, Kleine Schönbuschallee 1, T 06021-22417, klassizistisches Gartenschloß, Schauräume, geöffnet vom 15. März bis 15. Oktober täglich außer montags 10–12.30 und 13.30–17.30 Uhr, „Schönbuschserenaden" im Sommer; mit *Park Schönbusch,* ältester klassischer Landschaftsgarten in Deutschland im englischen Stil (ab 1775), stets zugänglich;

ehem. Jesuitenkirche, Pfaffengasse 26, T 06021-218698, römisches Barock (1619/21), städtische Gemälde- und Kunstgalerie.

RÖMERMUSEUM IN OBERNBURG AM MAIN (21)

Niedernberg, Obernburg am Main sowie Wörth liegen am Verlauf der Bundesstraße 469; Römermuseum, Untere Gasse 4 (Eingang Untere Wallstraße), T 06022-619127, geöffnet dienstags bis samstags 14–16 Uhr, sonn- u. feiertags 10–16 Uhr

In **Niedernberg** und **Obernburg** wurden die Kohortenkastelle von späteren Siedlungen überbaut. Beide Militärunterkünfte lagen unmittelbar am Mainufer. In Niedernberg zeichnen Hauptstraße, Kirchgasse und Schulstraße die einstigen Lagerstraßen nach. Beim Friedhof (Am Stückerweg) wurde nahe seines Fundortes ein rekonstruierter römischer Grabstein aufgestellt. Die in Niedernberg stationierte Kohorte trug den klangvollen Namen *Cohors I Ligurum et Hispanorum civium Romanorum.*

In Obernburg verläuft die Bundesstraße über der Ostumwallung des Kastells, der Altstadtkern befindet sich auf dem einstigen Gelände von Kastell und Lagerdorf. Die heutige Römerstraße folgt in etwa einer der einstigen Lagerstraßen. Südlich des Kastells – das bereits um 84 unter Kaiser Domitian in Holz-Erde-Bauweise entstand – lag eine Benefizierarierstation.

Ergraben wurde die römische Geschichte Obernburgs seit 1884. Bereits 1892 gab es die erste städtische Schausammlung römischer Funde, damals im Runden Turm. Zwischen 1945 und 1996 befanden sie sich im sogenannten Römerhaus; seither sind die Relikte aus jener Zeit im Römermuseum ausgestellt. Die Rokonstruktion einer Jupiter-Gigantensäule und Zinnen des Kastells sind bereits vor Betreten des Museums zu sehen. Modelle und Karten im Eingangsbereich informieren über die Entwicklung des römischen Reiches. Altäre der Benefiziarier sowie einer Einheit, die mit Holzfällarbeiten beschäftigt war, folgen. Im Keller ist ein Mithrasheiligtum mit Kopien von Funden aus Osterburken (südlich von Miltenberg, an der Limesstraße vom Main zur Donau) nachgebaut. Eine Bauinschrift aus Obernburg erinnert an das Jahr 162, als das Holz-Erde-Kastell zerstört und in Steinbauweise wiedererrichtet wurde. Der Inschriftenstein benennt auch den Truppenteil: *Cohors IIII (=IV) Aquitanorum equitata civium Romanorum* (siehe Friedberg). Eine weitere Inschrift, die beim Abbruch eines Stadtmauertrumes in Aschaffenburg entdeckt wurde, läßt vermuten, daß in Obernburg eine wei-

Teil der Jupiter-Gigantensäule im Römermuseum Obernburg

tere Einheit stationiert war, der *Numerus Brittonum et exploratorum Nemanigensium.*
Einblicke in die Götterwelt und den Totenkult der Römer sowie in das tägliche Leben der Soldaten und Dorfbewohner folgen in weiteren Räumen des Museums. Der Handel wird durch Transport- und Vorratsgefäße sowie durch Münzen veranschaulicht. In den eroberten römischen Bauten ließen sich ab 260 Alamannen nieder, die im 4./5. Jahrhundert von den Franken verdrängt wurden. Aus dem Jahr 380 stammt eine einzigartige Glasschliffschalemit Darstellungen von Christus, Petrus und Paulus.
Sehenswert: *historische Altstadt mit Stadtbefestigung*

In **Wörth** am nördlichen Ortsrand (am Mainufer) und in **Trennfurt** (im heutigen Bahnhofsbereich) lagen zwei weitere **Numeruskastelle** am Fluß, der hier die Grenze zum freien Germanien bildete. Es wird angenommen, daß Wörth auch den Beginn der **Odenwaldlinie** markiert (Limesstrecke 10). Ein drittes **Kastell** – allerdings für eine Kohorte – folgte in **Miltenberg-Altstadt**. Vom **Kastell Miltenberg-Ost** an wendet sich die römische Grenze wieder vom Main ab. Miltenberg ist auch der Ausgangspunkt des zweiten Teilstücks der Deutschen Limesstraße. **Sehenswert** in Wörth am Main: *Schiffahrtsmuseum* in der ehemaligen St.-Wolfgangs-Kirche, Rathausstr. 46, T 09372-98930 (Stadtverw.), geöffnet samstags und sonntags 14–17 Uhr, Entwicklung von Schiffahrt und Schiffbau am Main, Schiffsmodelle, Fotos, Schiffszubehör; *Burg, historische Altstadt*

Schiffahrtsmuseum Wörth in der früheren St.-Wolfgangs-Kirche

VERWENDETE LITERATUR

Archäologische Denkmalpflege im Landesamt für Denkmalpflege in Hessen (Hrsg.), Archäologische Denkmäler in Hessen, verschiedene Führungsblätter, Wiesbaden, mehrere Jahrgänge

Baatz, Dietwulf, Der römische Limes – Archäologische Ausflüge zwischen Rhein und Donau, Berlin 1993[3]

Baatz, Dietwulf, Limeskastell Saalburg, Ein Führer durch das römische Kastell und seine Geschichte, Bad Homburg v. d. H., 1998[14]

Braun, Rainer, Frühe Forschungen am obergermanischen Limes in Baden-Württemberg, Stuttgart-Aalen 1991

Dannheimer, Hermann (Hrsg.), Der römische Limes in Bayern – 100 Jahre Limesforschung, München 1992

Deinaß, Klaus, Der Limes – Römischer Grenzwall in Westerwald und Taunus, Koblenz 1982

Deutsches Archäologisches Institut (Hrsg.), XI. Bericht der Römisch-Germanischen Kommission 1918/1919, Frankfurt am Main 1920

Keller, Walter E., Deutsche Limesstraße vom Main zur Donau, Treuchtlingen 1997

Landkreis Neuwied (Hrsg.), 50 Jahre Kreismuseum Neuwied 1928–1978, Neuwied 1978

Menghin, Wilfried, Kelten, Römer und Germanen, Archäologie und Geschichte, München 1980

Bildnachweis:

Bayerisches Landesamt für Denkmalpflege S. 13 u (nach Planck), 14 (nach Baatz), 16/17 (nach Koschorrek); Bayerische Verwaltung der staatlichen Schlösser, Gärten und Seen S. 89 (Foto-Alfen); Ute Jäger S. 18 o (nach Wamser), 18 u; Kreismuseum Neuwied S. 24 (Hillen); Kulturamt der Stadt Neuwied S. 23; Stadt Hanau S. 78; Stadt Obernburg am Main S. 92 (Bogensperger); Stadt Wörth am Main S. 93 (Bach); alle anderen Abbildungen vom Verfasser (nach Landesamt für Denkmalpflege Hessen S. 43 u nach Baatz; 47 u, 60, 80; nach Saalburgmuseum S. 13 o, 51 u)

Kopie eines Weihesteins aus dem Kastell Stockstadt im Saalburgmuseum >

x romana –
iede im Römischen
Hafenanlagen sic
Handel im Römis
I O M IVN
NI REGINAE
MERCVRIO ET
GENIO LOCI L F I
PATERNVS B COS
V S L L M IMP VERO III
ET QVADRATO COS